你明明心好累為何還裝作無所謂？

가짜 감정

金容太 著
鄭筱穎 譯

破解你的「假情緒」，
看懂並接納自己內在真實需要

目次

第三章 為什麼我會有負面情緒？

序　明明是我的情緒，為何我無法掌控？

念數學系的我，成為諮商師的契機

「怎麼會數學系念一念，跑去當諮商師？諮商和數學，明明是完全不同的領域……」

很多人在得知我大學原本是念數學教育系後，都會感到意外。

「不過這麼一說，您看起來的確很像實事求是的數學家耶！哈哈！」

我想，這是因為我外表看起來很嚴肅的緣故。不過，我之所以會從數學系轉系，踏進截然不同的領域，是有原因的。

大學時我參加合唱團，團內的氣氛和系上不同。系上的專業科目既困難又無趣，合唱團團練卻十分有趣。首爾師範大學合唱團歷史悠久，有一間專用的練習教室。教室裡擺了一本心情記事本，每個人都可以在上面寫下自己想說的話，團員們也會在記事本上留言回覆。

記事本上的內容大多跟戀愛有關，也有團員間互相告白的訊息，每每讀來都令人會心一笑。

我也曾在記事本上寫下我的心事。當時我被喜歡的女生拒絕，心裡很難過。這是我有生以來，第一次體驗到心痛的感覺，才發現人的心情真的很奧妙，又很奇怪——明明是自己的心情，自己卻掌控不了。這是過去的我從未思考過的事。

察覺到自己的心情後，我開始覺得學數學又累又煩。就算解再多的數學題，卻解不了我心中的結。我無法專心上課，在課堂上放空的時間越來越長。我想，該是時候做出改變了。

幾經思考後，考研究所時，我決定改念心理諮商所。我想要了解「心」的領域，也想找出心痛的原因，學會調適心情的方法，希望幫助跟我遇到同樣問題的人。這是我轉換跑道的契機。

「心」，究竟是什麼？它可以說是由各種想法和情緒所組成的。理科出身的我，一開始真的覺得人心很難懂。即使經過三十多年的訓練和研究，實際從事心理諮商工作，也還是覺得很難完全了解人心。但我也發現到想要理解人心，「理解情緒」是其中一個不錯的方法。

諮商的定義有很多種。概括而言，諮商可以說是一種「抒發心情的管道」。在諮商室晤談時，也是讓情緒釋放的過程。當情緒釋放後，心情自然會輕鬆許多，可以活得更舒適自在。

壓抑的情緒不會消失

人活著會體驗到各種情緒，有開心的，也有不開心的。當感受到憤怒、憂鬱、不安等負面情緒時，會覺得不舒服，甚至很痛苦，因此會想逃避、忽略、壓抑，假裝這些情緒不存在。但這麼做，情緒並不會就此消失。如果沒有好好理解情緒，試著表達出來，長時間累積在心裡，總有一天會爆發，到最後很可能會變得連自己都不認識自己。

你是否有過這樣的經驗？拚命壓抑忍耐，卻因為雞毛蒜皮小事突然大發雷霆，生氣完後又懊悔不已。又或者總是忽略內心的感受，專注投入在工作上，忙完後卻感到莫名空虛？倘若我們能在察覺到情緒時，適時表達出來，或許情況會有所不同。這也就是為什麼必須學會調適情緒。

假如不懂得調適情緒，拚命壓抑、逃避，會衍生出許多問題。當情緒沒有釋放出來，長期積累在心中，會消耗掉很多能量，容易對生活充滿無力感。在心力交瘁的狀況下，無法做出正確判斷，也很難集中注意力。過度壓抑情緒，甚至會讓身體產生病痛，也可能出現手腳麻痺現象，使人生充滿了痛苦。但情緒找到出口後，就能從痛苦中解放出來，解決生命中的許多問題。

為什麼經常看別人不爽？

如果老是看別人不爽，必須先好好梳理自己的情緒。你或許會覺得只是自己心裡不爽而已，問題沒那麼嚴重，但這可能跟生活中遇到的很多課題有關。

不爽，是情緒處於輕微憤怒的階段。情緒很微妙，有時也擅於偽裝。明明擔心，卻生氣；明明悲傷，卻面露微笑。有些人看別人不爽時，心裡會很不舒服。這種不舒服的情緒，有可能是來自恐懼、孤單或自卑感。換句話說，不爽只是表面情緒，背後可能隱藏了恐懼和孤單。但追根究底，真正的原因是因為內在的羞愧感被勾起，這是一種深層的感受。這種羞愧的感受，會讓人陷入自我貶低的狀態，認為自己毫無價值。任誰都想逃避這樣的感受，因為要正視渺小、脆弱的自己，是非常痛苦的事情。

當羞愧感出現時，人們很容易惱羞成怒，會心想：「居然敢瞧不起我？」用發脾氣的方式，讓自己重拾自信心。憤怒傳達出來的訊息，通常是把責任歸咎於他人。如果只是有點不爽，是希望對方可以改變；但嚴重憤怒時可能會想反擊。因為覺得自己沒有錯，一切是對方的問題，於是會跟對方吵架，指責對方的不是。不過，這種方法只是暫時有效，就算吵贏讓你不爽的人，萬一又出現其他惹你生氣的人呢？又立刻跑去找對方吵架嗎？只要有人惹怒你，反擊回去就能安然無恙嗎？其實，真正的解決之道是進一步察覺情緒背後的原因，找出問題的癥結點對症下藥，才能終結這場戰爭。

假情緒的背後藏著真實情緒

當我們看某個人不順眼時，會從這個人身上找出理由，理直氣壯地批評對方。但，真的是這樣嗎？我的情緒究竟是由我主宰，還是由對方掌控？當我心情不好時，看對方的行為舉止稍不順眼，就會火冒三丈；但心情好時，就算對方做出一樣的舉動，也可能毫不在意。此外，同樣的舉動，在別人眼裡看來或許並無不妥，只有自己看不順眼而已。再來，就算對方解釋他這麼做的原因，聽完解釋後的反應還是取決於我。我的感受，是由我決定。

因此，從現在起，如果看某人不順眼，不妨先回頭檢視自己的內心吧！用心聆聽過去從未聽見的內在聲音。「原來我生氣是因為不安」、「原來我是怕別人瞧不起我」、「原來我是因為羨慕，覺得自己不如他，才會看他不順眼」……。

這些聲音雖然看似不同，但背後傳達出來的訊息其實是一樣的，因為怕別人發現自己很糟糕。但為什麼會有這種感受出現？原因很簡單。這是來自內心深處的自卑感，覺得自己很沒用，怕別人看見這樣的自己。

人們第一次聽到這樣的說法時往往難以接受，會心想：「我怎麼可能會因為自卑感，就看別人不爽？這太不像話了！明明是那個人的問題，怎麼會是我的問題？」但就像前面所講的，我的感受是由我決定。因此，當莫名感到生氣或心裡不舒服時，試著深入探討自己的內在吧！可能外在顯現出來的情緒是憤怒，但內心深處隱藏了其他真正的感受。或許是不想被別人看見自己狼狽的樣子，才會用恐懼、不安、難過或憤怒的情緒來掩飾。用專業術語來表達，指的就是表面情緒和深層情緒，這也是本書的核心內容。

本書章節介紹及致謝

在本書的第一章，將透過紀川和貞瑩這對夫妻的案例，帶大家看見自己平時可能會體驗到的情緒。第二章則會詳細呈現這對夫妻進行諮商的過程，因為他們的故事，可能就是你我的故事，把它當成是自己的故事來看，藉此覺察自己的內心，也能達到諮商的效果。

第三章會針對一般人經常感受到的負面情緒，例如憤怒、不安、恐懼、孤獨、自卑感等，進行更深入的探討。了解為什麼會有這種感受出現？這些感受和內在的羞愧感究竟有什麼關聯？

第四章則會介紹調適情緒的七堂課，當學會調適負面情緒，心情會比較輕鬆，生活也能更自在。

在第五章裡，把本書中提到的情緒管理方法，濃縮整理成十個提案。當陷入情緒低潮，或深受情緒所苦時，相信閱讀這章節的內容會對你有所幫助。

這本書之所以得以問世，要謝謝許多人的幫助。首先，想藉由此書向一直以來陪伴無數人度過情緒難關，幫助他們找回智慧和熱情的天主致謝與致敬。再來，要謝謝讓這本書順利出版，幫忙潤稿校正的出版社主編高俊英女士。過去我寫的書大多是心理學專業書籍，在高主編的協助下，讓這本書的文字表達更貼近一般讀者。還有，要感謝每次開編輯會議時，給我許多反饋，不斷鼓勵我的朴雲美編輯和柳玄雅總編，以及精心製作這本書的所有出版社同仁。最後，我想謝謝所有踏進諮商室的案主們，願意傾訴內心的痛苦，讓我陪伴他們走過療傷之旅，洞悉人心的奧妙變化。謹以此書獻給我最親愛的妻子和兩個孩子，謝謝他們一直陪在我身邊，為我的人生帶來豐富的情感體驗。

第一章

為什麼我們對情緒如此陌生？

爭吵不休的夫妻關係

搞砸的兒童節

「你這個人怎麼這樣啊？」

紀川才剛踏進家門，太太便不分青紅皂白地對他大聲咆哮。他卻絲毫不為所動，旋即轉身回房。

幾個禮拜前，紀川和孩子們約好，今天要帶他們去兒童樂園玩。結果一早接到主管電話，臨時得去公司加班。孩子們聽完後露出失望的表情。

「兒童節還要去公司加班？你們主管難道沒有小孩嗎？」

「一定是有急事才會這樣，我趕快把工作弄完，盡量趕在中午前回來。」

紀川向太太道完歉後，就立刻趕去公司。直到下午兩點才打電話回家。

「看來今天沒辦法去兒童樂園了，晚上再帶你們去親子餐廳吧！」

老公總是把工作擺在第一順位，家人排在後面。貞瑩雖然很生氣，還是得先安撫孩子。

「爸爸工作好像很忙的樣子，等爸爸忙完，晚上我們再去親子餐廳吃披薩和牛排吧！」

看到孩子們連帽子都戴好，興高采烈地準備要去兒童樂園玩，卻只能失落的坐在客廳吃壽司，貞瑩不免感到一陣心酸。

眼看著時間已經過了晚上六點，老公連一通電話也沒有。貞瑩叫女兒打電話給爸爸，爸爸卻要女兒讓媽媽聽電話。

「爸爸還不趕快回家，幹嘛叫我聽電話？」

貞瑩嘴裡嘟囔著，心裡有不祥的預感。

「老婆，我今天沒辦法跟你們一起吃晚餐了，妳幫我好好跟孩子說一下。」

或許是因為部長在旁邊，紀川刻意壓低音量小聲地說。

「你會不會太過分了?孩子等你一整天了，現在又說不能去?」

「對不起，我也是不得已，臨時有狀況。」

貞瑩雖然怒火中燒，但還是忍了下來，卻故意語帶諷刺地說：「算了，反正你本來就是這種人，我還能期待你什麼？說什麼要帶我們去兒童樂園、親子餐廳，我做夢還比較快！」

原本就已經很內疚的紀川，聽到太太的酸言酸語，心裡更是難受。他還寧願太太乾脆直接對他發火，說這種冷嘲熱諷的話，讓他聽了很不舒服。於是，他拿起手機到外面講。

「妳非得這麼說才開心嗎？連妳都不體諒我，誰能體諒我？」

「對！是我不夠體諒，那誰又能體諒我們在家等了一整天的心情？」

太太說得沒錯。紀川一想到孩子失望的表情，心裡也很難過。但現在當務之急，是應付難搞的部長，在公司表現好，才能讓家人有好日子過。太太難道不能理解他的心情嗎？不理解就算了，還故意用這種方式酸他，讓他感到很心寒。紀川說完「妳再幫我好好安撫孩子」這句話後，便直接掛掉電話。

委屈的太太，無暇他顧的先生

貞瑩最近對老公有許多不滿，老公只顧著忙自己的事，把家事和育兒的工作全都丟給她。又要做家事，又要照顧孩子，成天忙得焦頭爛額，她覺得自己孤立無援，老公卻總是袖手旁觀。

每次看到老公，就會忍不住對他生氣發牢騷。她很想找老公訴苦，但老公只想躲開她。明明住在同個屋簷下，卻對她漠不關心，夫妻關係變得疏離。無力改變現況的貞瑩，陷入心力交瘁的困境，心裡滿是委屈。今天她真的忍無可忍，覺得老公實在太過分。她坐在沙發上越想越生氣。

「等著瞧！我今天絕不會就這樣算了！」

另一頭的紀川，才剛被部長狂罵一頓。主管對於兒童節把他叫出來加班，絲毫沒有任何愧疚。

「你寫的這是什麼企劃案？都當組長的人了，寫這種東西像話嗎？到底有沒有用心寫？再混，就打包回家吃自己！」

部長大發雷霆的樣子，讓紀川想起兒時不堪的回憶。小時候，父親和哥哥也是像這樣對他怒吼，過去的畫面一幕幕浮現在腦海，令他冷汗直流，痛苦得快要窒息。擔心部長對他失望，也怕影響未來在公司的升遷，紀川忙著改企劃案改到晚上，甚至忘了打電話回家。直到電話響了，才想起這件事。雖然對孩子們很愧疚，但比起和孩子們的約定，公司的事對他來說更重要。

自尊心的戰爭

紀川才剛進家門，貞瑩立刻從沙發起身，用尖酸刻薄的言語挖苦他。他裝作沒聽見，逕自轉身回房。但貞瑩沒打算放過他，跟著他一起走進房間。

「現在都幾點了？你知道今天是兒童節嗎？」

「我累了。」

「當然累啊，喝酒喝得那麼開心能不累嗎？」

「妳夠了沒？我今天真的很累。」

「蛤？什麼夠了沒？我都還沒開始咧！」

「我能怎麼辦？我也是身不由己啊！」

「有哪間公司會這樣？連休個假都沒辦法？明明跟孩子都約好了，卻搞得自己好像是大忙人一樣，假日還跑去公司加班，真的是爛透了！」

「妳到底有完沒完啊？」

紀川拉高音量大吼，但貞瑩也不甘示弱。

「你到底為孩子做了什麼？有什麼資格當人家的爸爸？」

「我努力工作賺錢，還不是為了這個家？」

「還真敢說耶！你賺的薪水，扣掉生活費和孩子的學費根本不夠用，又沒賺多少錢，真以為自己多會賺錢啊？」

「我辛辛苦苦工作賺錢，居然還嫌不夠用，妳腦袋有沒有問題啊？」

本來就已經夠累了，回到家不能好好休息，還被老婆冷嘲熱諷，瀕臨爆炸邊緣的紀川，再也忍無可忍。

「我沒資格當爸爸？嫌我薪水賺得少？那妳倒是說說看，妳有多了不起啊？老虎不發威把我當病貓，還不給我閉嘴？再吵試試看！信不信我把這個家的東西全砸爛！」

貞瑩嚇傻了，她從未見過老公這麼生氣，也從來不曾用這種口氣對她說話。她雖然感到錯愕，卻還是氣不過，不肯善罷甘休。

「你敢威脅我？憑什麼叫我閉嘴？要把東西砸爛是吧？來啊！怕你啊！」

紀川被老婆的話激怒，一把火從腳底竄起，迅速燒到頭頂，抑制不住滿腔的怒火，大聲咆哮道。

「妳夠了沒？叫妳閉嘴沒聽見是不是？」

紀川隨手拿起手機，狠狠朝著鏡子砸了過去。砸完後氣還沒消，對貞瑩露出凶狠的表情，大聲吼罵道。

「賺錢給妳吃好的、穿好的，妳說什麼都依妳，就以為自己多了不起是不是？像妳這樣尖酸刻薄的女人，有誰會喜歡？也只有我才受得了妳這種女人，跟個潑婦似的。」

聽到玻璃碎裂的聲響和吵架的聲音，孩子們哭著跑進來。

「爸爸、媽媽，你們幹嘛這樣啊？好可怕喔！」

紀川看到孩子哭了，才突然冷靜下來，貞瑩趕緊抱著孩子走出房外。

關係陷入膠著

翌日，紀川一早就出門上班。貞瑩送孩子們上學後，獨自躺在客廳沙發上。房裡還留著昨晚激烈爭吵後的痕跡，她壓根不想踏進房門一步。

「到底是怎麼回事？」

貞瑩回想起昨晚發生的事，老公面目猙獰怒砸手機的樣子，依舊歷歷在目。那是她第一次看到他這樣，漲紅著臉大聲怒斥，目露凶光瞪著她。和老公結婚以來，他從未罵過她，也不曾出現過暴力行為。但以昨晚的狀況來看，老公搞不好會動手打她。

貞瑩很難過，過去幸福的婚姻生活已成泡影，心情糟透了。這種難受的感覺，並不陌生。結婚後十多年來，她以為自己已經忘了，但難以抹去的傷痛卻一一浮現。深怕勾起更多不願記起的回憶，貞瑩趕緊中斷思緒，打起精神準備午餐。

兒童節那天後，紀川和貞瑩夫妻兩人形同陌路。紀川回家後，貞瑩連看都不看一眼，在一旁假裝認真摺衣服，不想煮飯給他吃，但心裡其實很在意老公。等老公和孩子出門後，她再也忍不住崩潰大哭。

紀川的心情也很複雜，連他自己也不懂自己是怎麼了。「好奇怪，我從來不曾像這樣發脾氣，是中邪了嗎？」他對自己的舉動感到很內疚，卻沒勇氣向貞瑩開口道歉。每天刻意早出晚歸，回家後一句話不說倒頭就睡，隔天又一樣出門上班。

讓貞瑩更生氣的是，紀川對孩子也一樣冷漠。對自己態度冷淡就算了，連對孩子也這樣，絲毫沒有盡到父親應盡的責任。「我絕對不會先低頭的！」她心想。雖然不想看到老公，但又很想找他把事情講開，內心不斷糾結。

精神出軌

就這樣，過了一個月。紀川無心處理複雜的家務事，整天埋頭工作。某天休息時間，他在自動販賣機前喝咖啡時，正巧遇到隔壁部門的李宥華組長。

「組長，最近很忙嗎？你看起來有點累的樣子。」

紀川和宥華兩人所屬的部門，經常有業務上的往來。個性溫柔的宥華，主動向紀川搭話關切近況。

「當然忙啊！光處理李組長妳們部門的工作就快累死了。」

「哈！工作真的很多，但因為紀川組長沒有拒絕，才會一直麻煩你啊！」

「妳是因為信任我，才會把工作交給我，我怎麼可以拒絕？」

「難怪我會這麼喜歡你。」

「哈哈！真的嗎？」

「對啊！跟組長一起工作很開心，大家也都這麼說呢！」

聽到宥華的話，紀川心情好多了。內心似乎泛起淡淡的漣漪，除了謝謝宥華告訴他這些話之外，也覺得今天的她看起來特別漂亮。

工作到很晚才回家的紀川，回到家時發現家裡的燈是暗的，太太也已經睡了。那次事件後，紀川不曾在家裡吃飯，他不想聽到貞瑩的嘮叨和抱怨。再加上也很氣貞瑩居然瞧不起自己，什麼叫「又沒賺多少錢」！老公辛苦賺錢養家卻得不到感激，對妻子的愛意也逐漸冷卻。

隔天早上，紀川很早就睜開眼睛。上班時，一想到宥華就心花怒放。他心想，要是新的專案，也能跟宥華部門一起合作，那該有多好。不知該說是幸運，還是不幸，紀川和宥華兩人所屬的部門，再度攜手進行專案，兩人共事的時間也變長。雖然工作上，兩個部門難免會有衝突，但宥華一直很體諒紀川。

「宥華，我們部門的時程一直變動，為了配合我們很辛苦吧？」

「嗯，的確是有點累啦！」

「不好意思，上頭指令一變再變，我們也很為難。」

「這我知道，不過不光是我，組長你也很累吧？你不擅於拒絕別人，我想其他人肯定都把工作推給你吧？」

聽到宥華關心的問候，紀川頓時疲憊全消。

最近因為工作的關係身心俱疲，沒想到還能聽到這樣暖心的慰問……紀川有股衝動想抱住宥華，心裡對宥華產生了不一樣的情愫。

陷入憂鬱的太太

那天過後，貞瑩雖然在老公面前故作堅強，卻難掩內心的悲傷。另一方面，也察覺到老公最近的行徑，似乎有點詭異。平日加班到很晚就算了，連假日也急著趕去公司加班。平時不大在意外表的他，居然也開始注重穿搭。

就在此時，手機傳來「叮咚」的簡訊聲，老公正好在浴室洗澡。貞瑩猶豫了一下，忍不住偷看了簡訊內容。

「組長，到家了嗎？最近很累吧？早點睡，好好休息喔！」

是名叫「李宥華」的女人傳來的訊息。

「這女的，大半夜傳簡訊給我老公幹嘛？」

雖然內容看起來沒什麼，但老公的反應讓貞瑩更確定自己的直覺是對的。看到老公洗完澡出來，打開簡訊後一臉幸福的表情，貞瑩覺得自己心裡好像突然被抽空一樣，她好久都沒有看過老公對她露出那樣的笑容了。

隔天早上，貞瑩躺在床上爬不起來，頭痛欲裂。從那天後，她經常在半夜驚醒，醒來後就像遊魂一樣在客廳遊蕩。有時完全食不下嚥，有時又突然暴飲暴食。孩子們很擔心媽媽，卻因為害怕不敢說。起初，紀川以為貞瑩是在鬧脾氣，並不以為意。但狀況似乎越來越不對勁，他發現老婆經常目光呆滯、眼神渙散，紀川不由得擔心起來。

「老婆，妳還好嗎？妳最近幾乎都沒睡，整個人好像怪怪的。」

紀川好久沒有像這樣體貼關心老婆。或許是因為這樣，貞瑩也不再像平常那樣咄咄逼人。

「嗯，眼淚一直流不停，一想到你就生氣！氣到不知道該怎麼辦。不對，其實我更氣的是我自己。」

老婆變得很奇怪，像是病得很嚴重。「我到底做了什麼讓老婆變成這樣？」講話總是尖酸刻薄的妻子，居然連說話都有氣無力的，紀川看了很難過。

「老婆，對不起，都是我不好。」

貞瑩聽到這句話後淚水直流。

「應該要幫孩子看功課和煮飯的，但身體卻動不了。我好像病得不輕，死了或許比較輕鬆，但一想到孩子就捨不得。」

「老婆，我之後會早點回家，家事和孩子的功課都交給我，我們回到過去那樣的生活吧！」

老公的話雖然讓貞瑩感到安慰，但她卻一點也開心不起來。她覺得自己和世界好像隔著一道透明的牆，外面的世界似乎和自己毫無關聯。

看到老婆這樣，紀川決定把所有的心思都放在她身上。某天剛好出差到家附近，還特地回家看一下老婆。回家後，發現客廳空無一人，打開臥室房門，只看見老婆的背影。

「老婆，妳在睡覺嗎？」當他把老婆的身體轉向自己時，卻看到貞瑩雙手一攤、口吐白沫的樣子，旁邊還放著安眠藥的空瓶。

所幸，安眠藥的劑量不多，在醫院急救完後就回家了。老婆說她不是蓄意自殺，是因為長期睡不好，才會多吃了一些安眠藥。

但這對紀川打擊很大，他心想：「我們夫妻現在處在非常危險的狀態，再這樣下去，太太搞不好會送命。再不向外求助，整個家很可能會垮掉。」

於是，在朋友的介紹下，夫妻倆來找我進行諮商。

長期壓抑情緒的婚姻生活

「謝謝你們過來，兩位怎麼了嗎？」

看到紀川和貞瑩夫妻踏進諮商室後，我關切地問。接著，紀川先開口說。

「我們夫妻最近狀況不是很好，我對妻子發了很大的脾氣，後來她整個人變得很奇怪，不久前還服用過量安眠藥……所以我們才會來這裡，我實在不懂，為什麼當時的我，會這麼生氣？」

輪到貞瑩時，她邊說邊哭。

「我不知道為什麼自己會這麼討厭老公，真的很討厭他。」

貞瑩看起來有憂鬱症的傾向。在諮商前，必須先處理她憂鬱症的症狀。我請貞瑩把這段期間對老公累積的不滿，盡情地說出來，並請老公先別說話，靜靜在旁邊聽。

「這段時間，我一直都很努力。為了減輕老公的負擔，我一肩扛起照顧兩個孩子的責任，打點家裡大小事，卻感覺不到他對我有半點感謝之情。兒童節那天，他跑去公司加班，喝酒喝到很晚才回家，真的讓人忍無可忍。結果，他反而惱羞成怒，拿手機砸鏡子，還大聲罵人。這樣的行為實在讓人無法理解，也不想理解。」

貞瑩語帶哽咽地說，就連紀川聽完她的話後，也不禁潸然淚下。我請他們互相擁抱，盡情放聲大哭，兩個人緊抱在一起哭了好久。經過幾次的晤談，貞瑩把情緒釋放出來後，憂鬱症的現象也好轉許多。

從憂鬱症走出來的貞瑩，也開始傾吐對老公的委屈和怨氣。

「你晚回家就已經讓人夠生氣了，結果回到家你只想休息，一句話也不說，連孩子也不關心。我覺得心很累，再也受不了了，感覺我們好像是你的累贅，看見我們只想躲開。」

貞瑩把藏在心裡的話一股腦說出來。接著紀川也對她說出心裡話。

「妳知道嗎？是妳害我變成這樣的。每次要跟妳說什麼，妳都只顧著自己，根本不聽我說。還有，妳對我要求太多了，老是把我當僕人使喚，想要我對妳百依百順，但我真的辦不到！」

諮商室的氣氛，頓時變得劍拔弩張。

童年情感忽視

兩人結婚十多年來，一直壓抑著彼此心中的憤怒，不曾表達出來。為了更進一步了解兩人的憤怒源於何處，我請他們試著畫出自己的家系圖。

家系圖，是用來呈現家庭世代關係的結構圖，通常包含三個世代。正方形代表男生，圓形代表女生，虛線、實線、交叉線等線條代表彼此間的關係。透過繪製家系圖，能幫助個案了解自己和家人的關係。

例如，如果在家系圖中發現某人和周遭所有人關係不睦，經常發生衝突，就表示這個人內心充滿憤怒。如果某人和周遭所有人關係疏離，就表示這個人是把憤怒藏在心底，表面卻裝作若無其事。

當我請他們繪製家系圖時，兩人似乎都不大願意。

「一想到要畫家系圖，兩位的心情如何？」

貞瑩先開口說話。「一定要現在畫嗎？」

「聽起來妳是想問我，為什麼要畫家系圖嗎？」我反問貞瑩。

「不好意思，我聽不大懂您這句話的意思是？」

「當我問你們一想到要畫家系圖的心情如何時，妳不是反問我『一定要現在畫嗎』？」

「嗯，是這樣沒錯。我想說醫生的指示，應該要聽話照做，但一想到要動手畫家系圖，心裡覺得有壓力，才會這麼問。」

貞瑩是屬於「使命必達型」的人。這種人通常會有「我應該要……」的想法。當有人向他們提出要求，或是他們打算做某件事時，都會認為「一定要做到才行」。因此，別人對他們提出要求時，他們會設法滿足別人的需求，也希望受到別人同等對待。但如果別人沒有這麼做，他們會惱羞成怒，想利用發脾氣的方式達到自己的目的，強迫別人按照自己的想法去做。這種人通常生活壓力很大，容易有憂鬱傾向。

另一方面，紀川的回答則有些不同。

「嗯，一想到要畫家系圖，感覺有些彆扭，但如果醫生認為有必要，我會試著畫畫看的。」

「聽起來你雖然不大想畫，但請你畫你還是會畫，對吧？難道你不想更了解自己的家人嗎？」

「嗯，坦白說我不確定是否有這個必要，但只要能解決我們夫妻的問題，不管醫生說什麼，我都願意做。」

紀川是屬於「討好型人格」。討好型的人，會盡力配合別人的需求，即使生氣也不會表達出來。他們經常被稱為「和平主義者」，當衝突發生時，他們會扮演調停者的角色。這類的人比起自己的感受，更在乎別人的感受，害怕發生衝突。為了消弭內心的不安和恐懼，他們會努力避免衝突狀況發生。

我告訴他們：「畫家系圖可以讓你們了解，為何無法控制憤怒的情緒。過程中，如果有不想公開的內容，不用畫出來也無妨。」兩人才放心開始動手畫。

貞瑩・紀川家系圖

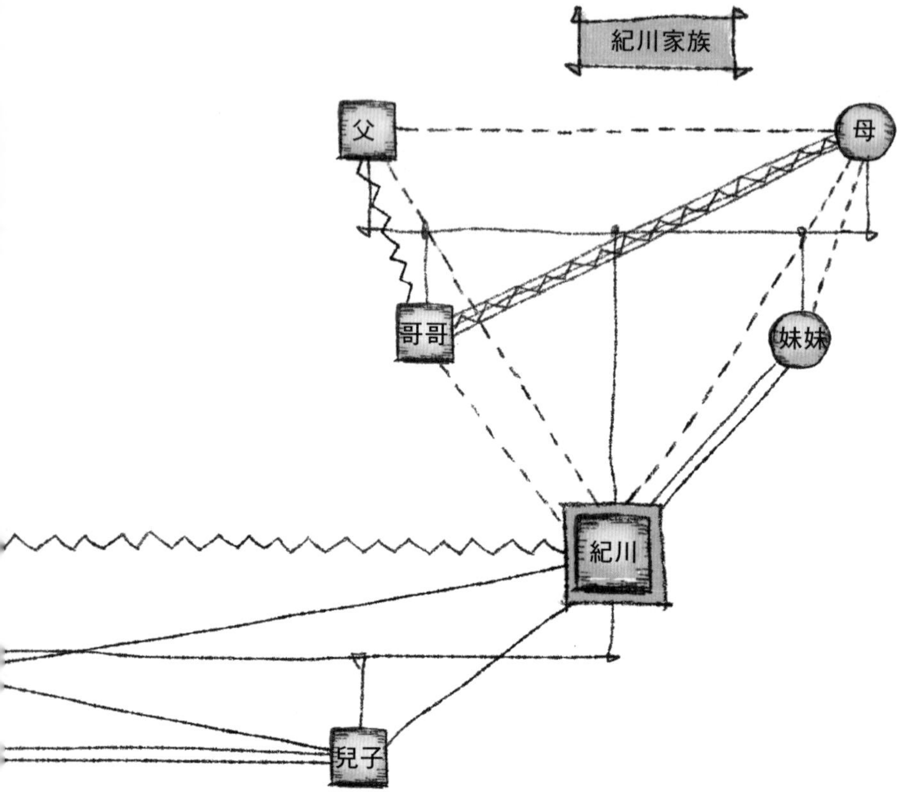

- - - - 關係疏離

・情感連結非常薄弱

・完全不在乎對方感受

・即使在一起，也沒有情感的依戀

衝突又親密

・在關係中失去自己，依附別人

・無法替自己發聲或告訴對方自己的想法

・心情容易受對方影響

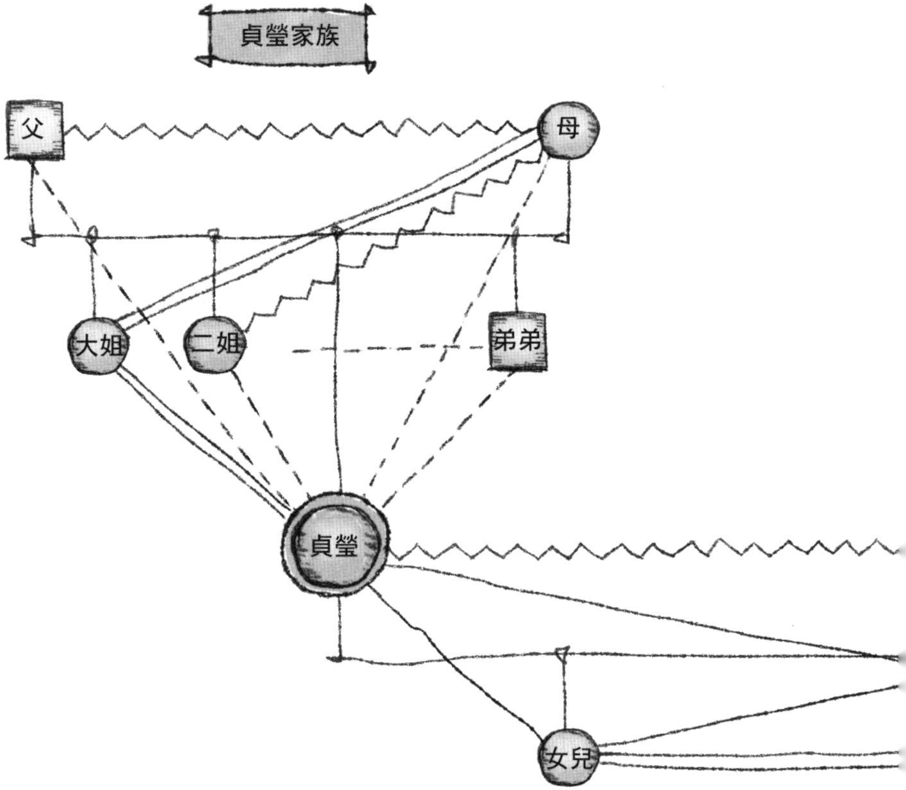

正向親密

・相處融洽，在關係中能自在表達自己的感受

・接納彼此的不同，關係緊密連結

正向關係

・相處融洽，但情感連結偏弱

・可以自在地表達自己的感受

衝突

・彼此不合經常發生衝突

貞瑩：無意識的孤獨感

畫完家系圖後，進行諮商時，貞瑩發現自己從小不管做任何事都很認真，是為了獲得別人的肯定。察覺到這點後，貞瑩突然覺得自己很陌生。「我還以為自己是工作能力很強，很會表達自己意見的人，原來並不是這麼一回事。其實我是為了獲得別人的肯定，才會這麼努力。」

接著，她想起兩件事。

當時兩人還在交往，約會時聊到彼此希望對方改進的事。

貞瑩對紀川說：「你每次說話都喜歡拐彎抹角，常常讓人不知所措。是就是，不是就不是，我希望你可以有話直說。」因為自己是直腸子的人，她希望紀川也能把他的想法，直截了當地說出來。

因此紀川告訴貞瑩：「我很喜歡妳爽朗的個性，但覺得妳有時候講話太凶了，希望妳口氣可以稍微溫柔一點。」

貞瑩聽到這句話後，心裡有點受傷。

「我講話哪裡凶了？我只是就事論事而已，為什麼要這樣說我？說得好像我是很可怕的人。」

但因為自己才剛說完希望對方有話直說，為了給自己找台階下，只好又接著說：「知道了，我之後會改進的。」

另一件事發生在結婚後。那時孩子年紀還很小，正在做家事的貞瑩對老公說：「我手上還有很多事要忙，你去照顧孩子。」但紀川卻對她說：「妳說話的口氣很像在命令人做事，讓人聽了心情很差，感覺我們的距離越來越遠了……」紀川看老婆的臉色一沉，便不敢再繼續說下去，這下換貞瑩不開心了。「是男人就有話直說啊！為什麼講話講一半？」她表面上看起來對紀川的話不以為意，事實上這些話卻讓她難過很久。

直到現在，貞瑩總算明白為何當時會這麼難過？這件事為何會讓她久久難以釋懷？她以為紀川懂她直率的個性，但他卻把她當成凶女人看待，對她逐漸疏遠，讓她感到既心寒又委屈。

她也想起另一件事，和其他家長們籌辦才藝發表會時，她提出的意見沒被採納，心裡為此忿忿不平，覺得自己被忽視了。

「啊！原來只要別人不肯照我說的去做，我就會認為自己不被肯定。」

當貞瑩覺得自己不被肯定時，會感到很孤單。只有在老公或別人接納她的意見時，才會覺得自己被肯定。認為老公聽她的話照做，才是愛她的表現；反之就是不愛。

貞瑩似乎有點明白，自己其實是藉由別人的肯定，來填補內心的孤獨感。

「兒童節毀約這件事也一樣，紀川雖然說明原因了，但我根本聽不進去，只覺得自己不受重視，才會這麼生氣。」

有了新的一層體悟後，貞瑩的怒氣很快就平息下來。貞瑩從小因為父母疏於照顧，為了得到父母的肯定，她只能強迫自己學會獨立。結婚後也一樣，得不到老公肯定，就會認為「自己是沒用的人」。過去從未察覺到的孤獨感，才是讓貞瑩痛苦不堪的元凶。但她卻一直以為是老公造成的，明白真正的原因後，她對老公感到很抱歉。從貞瑩的角度來看，兩人的夫妻關係稍微變得沒那麼緊張。

紀川：害怕衝突的理由

透過繪製家系圖和諮商過程，紀川也明白自己為何會突然暴怒。我問紀川在畫家系圖時，心裡有什麼感覺？

「嗯……只覺得很丟臉，看見過去家人間有很多爭執，爸爸總是對媽媽大呼小叫，只要媽媽一哭，哥哥就會頂撞爸爸，家裡的氣氛很差……」

「能說說看為什麼會覺得丟臉嗎？」

「我一直希望可以打造幸福完整的家庭，我以為我和貞瑩可以做到。」

「嗯，原來是這樣啊！那你覺得現在的家庭，和原生家庭有什麼不同？」

「現在想想，似乎沒什麼兩樣。我還是跟以前一樣不安，不斷討好別人，差別只在於，現在我討好的人是我太太。」

「這種不安的心情，跟你之前突然暴怒有關嗎？」

「嗯，似乎有關。我不想過著跟過去原生家庭一樣的生活，所以會很氣自己，但有時也會很氣貞瑩老是喜歡找架吵。小時候，很討厭爸爸和哥哥經常吵架，只要他們一吵架，就會想趕快平息戰火。我很怕和貞瑩起衝突，所以說話特別小心；在公司也一樣，怕和主管起爭執，主管叫我做什麼就做什麼，心裡總是感到恐懼不安。」

紀川也發現自己很喜歡貞瑩獨立的個性，是因為不需要像對爸爸或哥哥那樣成天提心吊膽的，他覺得這樣很好。漸漸的，他把家裡的事交給貞瑩一手包辦，自己只要把精力專注在工作上。因此就算是假日主管找他，也會二話不說立刻去公司報到。但兒童節那天，貞瑩卻一直找他麻煩，他也不知道自己是為什麼突然瞬間暴怒。或許是在那一刻，長久以來壓抑在心中的怒氣爆發。我好奇貞瑩聽完紀川的話後，心裡有何感受。

「聽完老公的話後，妳有什麼感覺？」

「我沒想到他原來這麼害怕吵架，讓我很訝異。我從沒想過他的感受，只顧著自己。只要他沒照我的話做，就會對他發脾氣。」

貞瑩望著老公，淚水在眼眶裡打轉。

「老公，對不起！我不知道你心裡原來是這麼想的。」

「不是妳的問題，我從來不曾對妳說過這些事。我其實也不知道自己為什麼會這樣，直到現在才知道，原來我心裡藏著這種恐懼。」

夫妻關係重新開始

諮商結束後，兩人的關係好轉許多。他們把諮商中學到的方法落實在生活中。紀川開始理解貞瑩內心的孤單，貞瑩也不再對紀川咄咄逼人。過程中雖然偶爾也會遇到危機狀況，但藉由不斷溝通表達彼此感受，兩人關係逐漸改善。情緒釋放出來後，也懂得調適心情，家庭關係也因此變得更好。

紀川有時假日還是會到公司加班，但表達方式和過去截然不同。

「老婆，對不起，我知道妳希望假日我能好好陪陪妳，但今天公司臨時有事，我必須去公司一趟。晚上我會早點回來，到時候再好好補償你們。」說完，他會再抱抱貞瑩。

「謝謝你為了我們這麼努力工作，我會煮好晚餐，吃完晚餐後，再和孩子們一起到附近的公園走走吧。」貞瑩對老公也很體貼。

紀川會盡量在晚餐前趕到家，貞瑩也會溫柔地迎接他回家。

「老公，累了吧？我馬上煮晚餐給你吃。」

看到爸媽和睦相處的樣子，孩子們也覺得很幸福。

紀川和貞瑩開始懂得互相體諒彼此的不同，貞瑩有時也會問老公。「老公，你會覺得我很凶嗎？」

「不會啊！我喜歡妳這樣，如果孤單想要人陪就說出來，有我在。」

看著這樣的老公，貞瑩覺得好像回到熱戀期，又重新愛上老公。貞瑩感到很幸福，說話語氣也變得溫柔。紀川也覺得很開心，喜歡老婆的溫柔體貼。

他們很喜歡現在的互動關係，很難想像當時為何兩人會吵成那樣。尤其是紀川，一想到自己差點變心愛上宥華，對此懊悔不已。貞瑩也對於自己憂鬱到想死，成天昏暗度日的這件事，感到不可思議。

假情緒的成因

拚命壓抑情緒

我們以為我們很了解自己的情緒，認為自己怎麼可能不知道自己的情緒。但從紀川和貞瑩這對夫妻的案例來看，很多人其實跟他們一樣並不了解。這是因為當人們內心出現不舒服的情緒時，總是習慣壓抑。然而，若我們察覺到情緒，適時表達出來，情緒自然會消失。但如果壓抑不表達，它會一直留在體內的某處伺機而動。

心理學家弗洛伊德（Sigmund Freud）在進行心理分析的過程中，發現一項被稱為「心理防禦機制」的重要概念。童年時，人們為了保護自己免於不安或恐懼，不自覺會壓抑情緒。因為擔心表達憤怒、悲傷、孤單、羞愧等負面情緒時，會讓自己面臨危險，無意識會啟動壓抑情緒的防禦機制。也就是說，我們會壓抑那些讓人感到不舒服和危險的「真實情緒」，表達出來的是相對安全的「假情緒」。

但壓抑的情緒並不會消失。無意識壓抑在心裡的怒火，時間越久，爆發出來的後座力越強，會變得難以遏制怒火和衝動，憤怒的情緒一觸即發，因此平常看起來文靜，或是脾氣很好的人會突然瞬間暴怒，紀川的情形正是如此。不過，如果怒氣沒有宣洩出來，而是轉為攻擊自己，就會變成憂鬱症。

當心裡累積許多憤怒時，很難察覺到其他細微的情緒。憤怒的情緒會不斷在心裡竄流，越想阻止越容易爆發，內心衝突不斷。為了逃避內心的

衝突糾結，有些人會開始自我麻痺。這也就是為什麼內心充滿憤怒的人，不大容易感受到其他情緒，在人際關係中不懂得體諒別人的感受，失去與他人的情感連結，也感受不到聊天的喜悅。

有情緒的人是弱者！

J先生是一位公務員，個性積極向上。他從小在貧困家庭中長大，渴望能夠擺脫貧窮。J先生認為，想脫貧就得出人頭地。身為低階公務員的他，比任何人都還要勤奮工作，每天最早上班，也最晚下班。即使下班，腦海裡想的也都是工作的事。也因為這樣，他獲得升遷機會，爬到更高的位置。

然而，他的人生卻遭逢意想不到的困境。家庭關係面臨嚴重危機，太太說她再也無法和J先生一起生活，孩子們也因為經常和父親起衝突不願回家。J先生想不透，自己為了家人這麼拚命，不喝酒也沒有外遇，賺錢也都拿回家，太太和孩子卻對他厭惡至極，指責他的不是，讓他氣得說不出話來。J先生最後和太太以離婚收場，必須獨自扶養照顧孩子，於是來找我諮商。

J先生是權威型的人，鮮少和太太聊天，就算聊天也很容易動怒。孩子們只要做錯事，總是不聽他們解釋就先發脾氣。諮商過程中，J先生發現自己其實根本不了解自己，也才痛徹心扉的體悟到，家不是講理的地方，而是講愛的地方。J先生像是對我抗議一樣，哭訴著為何從來沒有人告訴他這些。J先生開始深入自我探索，察覺到自己過去完全忽視內心的感受，總是把心封閉起來。

只要一有情緒，他就會否定情緒，因為他認為有情緒的人是弱者。在自我探索的過程中，他想起小時候窮困不堪的回憶，承受著別人鄙視的眼神，才會產生這樣的信念，他看見了童年時內心的羞愧感。

經歷自我探索的過程後，J先生覺得自己彷彿重生，還說現在的他或許能和太太重新開始。後來，他和別的女人結婚，把生活重心放在經營家庭關係，在工作上也有更好的發展。J先生在人生的危機中學到慘痛的教訓。

用工作逃避情緒

很多人跟J先生一樣，試圖用工作來解決（逃避）壓抑的情緒。因為正視不舒服的情緒，令人感到痛苦，寧願用工作來麻痺自己。

社會氛圍似乎也鼓勵我們這麼做，在凡事講求效率的現代社會中，認為情緒是棘手的障礙物，必須要嚴加管控，不能讓「不重要的情緒」搞砸了「重要的事」。工作時，如果被貼上「那個人很情緒化」的標籤時，通常對自己不利。反之，喜怒不形於色、冷靜行事的人，會被認為是有能力的人。

用工作自我麻痺的人，壓抑在心中的情緒類型不同，呈現出來的狀態也不同。像憤怒因為帶有攻擊性，很容易會把一切視為戰爭。拚命工作可能是想藉此贏得打敗對手的成就感，認為如果不拚個你死我活，就無法在職場中生存。

如果是內心孤單的人，會很希望獲得別人的肯定。想透過努力工作贏得認同，從團體或他人身上找到歸屬感。不在乎自己的感受，一味迎合對方。這樣的人，很可能一不小心就會遭人利用。

而內心充滿恐懼的人，工作時會盡可能避免衝突發生。害怕與人發生爭執，寧可把工作都攬在自己身上。與人相處時不想讓任何人失望，也不想引起紛爭，經常陷入糾結的三角關係中。

雖然用工作逃避情緒，某種程度上看來似乎可行，但終究會失敗。因為就算壓抑或逃避情緒，情緒也不會就此消失。

情緒是什麼？

每個人都有情緒

情緒是不成熟、麻煩的東西嗎？並不是。情緒讓我們生命變得更豐富，情緒是值得感謝的。

沒有情緒，愛就無法流動。沒有愛的人生，令人難以想像。不光是愛，音樂、美術、文學等藝術活動，也都傳達了人們的情緒。買房子會感到幸福、找到工作會很開心、孩子出生後內心充滿喜悅、做錯事會覺得對不起對方、得不到想要的會感到痛苦……人們如果沒有情緒，生活可能會變得乏味無趣。人之所以為人，正是因為我們有情緒。

情緒也是維持生存的必要要素。遠古時期，人類因為內心有恐懼和擔憂，才得以在猛獸和自然災害的威脅下存活。情緒也會幫助我們做出決定，會基於「心之所向」的情感因素做出抉擇。

關於這點，有一項有趣的研究報告。腦科學家迪馬喬（DiMaggio）針對十二名因意外造成大腦前額葉受損的患者，進行比較研究。我們現在已經知道，大腦前額葉主要功能是掌管情緒。患者們雖然在認知上與常人無異，卻缺乏情緒感知力。他們在記憶事實和計算能力的部分沒有障礙，但對於決定優先順序和做出選擇卻有困難。例如，把黑白兩色的襪子放在他們面前，可以清楚回答出有兩種不同顏色的襪子。然而問他們要穿哪一雙時，卻難以做出決定。請他們列出今天要做的事情時，可以逐一列出，但問他們想先做什麼時，卻回答不出來。而我們可以按照內心的想法做出決定，是因為擁有感受情緒的能力。

此外，一般人認為情緒是來自他人影響或外在事件的引發，但事實上，情緒和內心的需求有關。舉例來說，當聽到同間辦公室的金代理和隔壁辦公室的女職員談戀愛的消息時，假如平常不大在意金代理這個人，對這件事就不會有特別的感受。但如果心裡早已仰慕金代理許久（**需求**），聽到這件事時就會有落寞、悲傷的心情（**情緒**）。

人的需求有很多種，遠離飢餓是人類最基本的需求之一。肚子餓時吃上一頓美味的飯，會感到心情愉悅和充滿活力。相反的，如果需求沒被滿足時，會感到痛苦和沮喪。

也有關於安全的需求：當人身安全受到保護時，心裡會有安全感；受到威脅時，會感到害怕。當安全需求被滿足時，會感到安心；反之則會感到恐懼不安。也有渴望與人建立連結的需求，當被愛、被肯定時心情會很好，但如果沒有，就會出現擔憂、恐慌的情緒。

此外，當達成目標、成就需求獲得滿足時會感到喜悅；失敗則會感到挫折。

還有自我超越的需求，會對比自己更厲害的人產生崇拜之情。除了心理上的崇拜之外，也會做出實質上的努力。渴望成為團隊中帶頭的人，是超越需求的社會化表現，會讓人想要追求完美。近年來，在超個人心理學（Transpersonal psychology）中有著人類和宇宙是一體的說法，這也是一種自我超越的需求。當人無法自我超越時，會認為自己很沒用，進而產生羞愧感。

人只要活著，就會有需求，這些需求不會消失。當需求滿足時，會產生**正面情緒**；如果沒被滿足，就會有**負面情緒**。

最初的情緒經驗——焦慮

每個人都有焦慮感。怕願望無法達成、怕被人討厭、怕得不到肯定、怕生活不順遂，為此感到焦慮不安。

弗洛伊德曾說，「焦慮」是人類與生俱來的情緒經驗，源自於與母體分離的那一刻。

胎兒在母親體內待了十個月，出生後因為與母親分離而感到焦慮，想找回與母親的連結，因此會產生一種錯覺，認為雖然在肉體上與母親已經分開，但與母親仍是一體的。餓了媽媽會餵食、大便了媽媽會清理、睏了媽媽會哄睡、哭了媽媽會抱抱，孩子感覺不到自己與母親的界限。這滿足了孩子認為自己和母親是一體的幻覺，孩子會認為自己是特別、無所不能的。這是一種覺得自己是特殊且重要的自戀情感。

健康的自戀，是構成健全人格的基礎。父母持續為孩子提供照護，孩子對父母便有了基本的信任，建立穩定的依附關係。父母對孩子的關愛形成情感紐帶後，孩子即使一個人也不再感到孤單，情緒也會趨於穩定。同時，也會建立對外在世界的信任感，相信「自己是值得被愛、被肯定的」，這是一種健康的自戀。

然而，若父母沒有與孩子建立穩定的紐帶（依附）關係，孩子就無法形成健康的自戀，稱之為「依附不安定」。紀川和貞瑩在成長過程中與父母親的依附關係裡，無法形成健康的自戀。於是，終其一生都在填補未被滿足的自戀需求，努力贏得別人的喜愛，想找到內心的歸屬感，這樣的人稱為焦慮型依附者。生活被焦慮控制，為了擺脫焦慮，不斷尋求情感依附對象，茫然度日。

負面情緒的源頭——羞愧感

無法和父母建立穩定依附關係的孩子，內心深處會產生自戀傷痕。和母親分離後感到不安的孩子，會想與母親重新建立連結，藉此減輕分離焦慮。但母親畢竟不是完美的，無法時刻滿足孩子的需求。他們可能會被母親拒絕，也可能因此被制約。

即使肚子餓一直哭，媽媽卻連看都不看一眼、討抱抱也裝作沒看見，這會讓孩子開始懷疑自己的存在價值，進而產生羞愧感。

幼兒期產生的羞愧感，在內心根深蒂固時，會影響孩子的想法和行為，導致孩子對母親的要求變得敏感，害怕被母親拒絕，或不想被母親制約。因此，比起自己想要什麼，會更在意母親希望自己做什麼，容易在意他人眼光。

太在意他人眼光的孩子，成長過程中擅於察言觀色，怕被別人批評，拚命追求別人的支持與認同。在強調生產性和效率性的現代社會中，這樣的性格或許可以適應良好。但卻會讓人失去自我，盲目地活著不知道自己想要什麼。

他們也很在意別人的成功與否。別人成功時，就覺得自己一無是處；別人失敗時，會感到自己略勝一籌。也就是說，會因為比較產生自卑感或優越感。這類型的人，由於內心的羞愧感作祟，試圖藉由與他人的競爭，讓自己佔上風，因為這麼做，會讓他們自我感覺良好。

然而競爭會導致人與人之間，很難有情感上的交流。只有當別人喜歡自己、接納自己時，內心才會感到安穩。因為競爭是必須靠打壓對方，才能贏得勝利，是一種表面關係，表面關係只會衍生出空虛和寂寞的感受。因此，總是習慣與人競爭的人，贏了也空虛，輸了也空虛。

像這樣失去自我，活在別人眼光裡的人，其實是源於內心深處的羞愧感，羞愧感嚴重影響了他們的生活。

壓抑情緒會怎樣？

即使壓抑情緒，用工作來逃避，情緒是不會消失的。如果沒有適當地表達出來，情緒不但不會消失，甚至會以扭曲的形式出現。例如，有的人會乾脆自我麻痺，活得像是沒有情緒一樣，或者刻意放大情緒，習慣情緒用事。也有人會因為一直壓抑情緒，導致身體出現疾病。

沒有情緒的人

有些人在與人相處時，會把情緒排除在外，想單純靠理性維繫關係。因為這類型的人認為有情緒就是弱者，J 先生正是如此。

這類型的人具有「理智化防禦機制」的傾向，他們總是以邏輯思維分析，雖然試著努力去理解對方，卻又不想被情感束縛。

表達的方式雖然看起來合理，但說話時不帶情感、語調平淡，讓人覺得乏味無趣。這類的人因為容易在人際關係中受傷，不喜歡表達自己的情感，喜歡單調的事務性工作或可以獨立作業的工作，較容易出現工作狂的傾向。

電影《魔鬼終結者》（*Terminator*）中出現的生化機器人，不管遇到任何困難，執行目標時總是面無表情，不會有情緒不穩定的情況出現，也不會背叛，只專注在目標上。

而用理智化做為防禦機制的人，他們就像電影中的機器人，憑理性行事，表情嚴肅，凡事講求邏輯理論。但這樣的人，當他們面對孤獨時會感到很痛苦；要他們表達情感時會覺得彆扭。換句話說，他們無法與人進行情感上的交流。在家庭關係中，也只是扮演好自己的角色，與家人間沒有任何情感互動。因為無法與人建立情感連結，找不到情感依靠。

情緒用事的人

另一方面，有些人則是乾脆選擇情緒用事，任憑情緒爆發，行為作風像是失去理智一樣。所有行為依據當下體驗到的情緒，生氣就直接發飆，等氣消了又裝作若無其事。這類的人情緒起伏很大，如果別人不聽從自己的要求，就會生氣或哭泣。他們會用情緒來表達需求，試圖用情緒控制他人，藉此滿足自己的需求。因為身邊的人都知道，假如不照他們的話去做，就會鬧得雞犬不寧，只好迎合他們的要求。他們給人的感覺，就像是不懂事的公主或富家少爺一樣，明明已經是大人，卻還表現得像個孩子。

事實上，情緒用事的人活在幻覺世界裡。在幻覺裡一切都有可能發生，但現實生活並不是他們所想的那樣。對現況感到難過的他們，把這份悲傷轉換成各種幻想出來的情緒。因為不願面對內在的真實情緒，於是用氾濫的情緒洪水來逃避。

表面上雖然看起來生氣、開心或難過，但這些並不是他們的真實情緒，只是誇張地表達出不會讓自尊心受傷的假情緒。像是刻意製造出別的問題，來掩飾自己真正的問題。藉由逃避現實的方式，迴避內在的羞愧感。

而情緒用事的人，他們也跟沒有情緒的人一樣，無法與人建立情感連結，就像失根的浮萍，找不到情感的歸依。

情緒反應在身體上的人

有些人雖然心裡有許多情緒，卻無法表達出來。即使內心滿是委屈和憤怒，但所處的環境不允許他們表達情緒，因為這麼做可能會引來更大的禍端。常見的情況像是遭受暴力虐待、在恐懼中長大的人。

他們無法表達憤怒，只能把怒氣埋在心底。被壓抑到潛意識的情緒，累積在身體裡蠢蠢欲動，這股能量會開始攻擊體內的組織細胞，造成頭痛、麻痺、消化不良等現象，這種現象稱之為「身體化症狀」（指心理上的問題轉化為身體上的症狀），像是手腳顫抖、臉部或特定部位抽搐、肢體麻痺或說話口吃等症狀。

我在進行團體諮商時，曾看過有人從椅子上站起來後，身體突然麻痺無法坐下，花了很久的時間才能重新坐下。也有人是閉上眼睛後無法睜開，過了好幾個小時後才能睜開眼睛，這些都是情緒壓抑造成的身體僵化現象。

人的情緒有很多種表達方式，肢體表達是其中之一。如果無法好好表達情緒，也可能會像這樣出現身體緊繃僵化的症狀。

我的情緒，我主宰

對方只是觸碰到我的情緒按鈕

在演講時我經常告訴大家，「即使別人觸發了你的情緒，你的情緒是由你主宰，但很多人卻把情緒的主導權交給對方，好像對方才是情緒的主人。不過不要忘了，就算原因出在對方身上，你必須為自己的情緒負責，要培養情緒管理的能力。」

當我說完後，聽眾們通常會緘默不語。事實上，當我們發生不好的事情時，總會習慣怪罪別人。然而，這種心態並無助於我們邁向成熟的人生。

常聽到個案怒氣沖沖地說：「要我原諒他，想都別想！我死也不會原諒他，我會睜大眼睛看看他的下場如何！」

聽到這樣的話時，除了感到害怕，也覺得他們很可憐。會感到害怕，是被他們的憤怒嚇到，因為人在盛怒的狀態下可能會出現暴力、自殘、殺人等可怕行徑。另一方面，會覺得他們可憐，是因為他們讓那些傷痛終生烙印在心底，決定一輩子與憤怒為伍，任由怒火吞噬自己的人生，這是多麼可憐、多麼愚昧啊！雖然充分理解他們的心情，但這麼做最終會毀了自己的一生。

情緒的主宰者是自己。我們以為是受到對方刺激才會生氣，但對方只是做出激怒人的行為，決定要生氣的人是自己，因為內心的憤怒、自卑、孤獨等情緒被勾起，才會惱羞成怒。當心情好時，聽到同樣的話也不一定會生氣。

沒有意識到選擇要生氣的是自己，還反過來批評或責怪那些激怒你的人。但對方可能根本不曉得你在生氣，就算知道也不一定會在乎。只有自己被情緒綁架，無法好好過生活。到最後這股怒氣折磨的人不是對方，而是自己。

一開始生氣時（**初階情緒**），通常會先放大檢視對方的話語和行為，把焦點放在對方有多可惡，自己有多委屈，越想越容易讓人怒火中燒。像這樣把生氣的原因歸咎於對方時，免不了會和對方起衝突。衝突過後，又會衍伸出不安和恐懼等新的情緒（**進階情緒**）。憤怒的情緒一發不可收拾，負面情緒像滾雪球般越滾越大。

然而，當意識到憤怒的情緒其實是來自於自己時，便能有效掌控情緒。「啊！我現在生氣了，因為他的言語和行為，讓我感到憤怒。」如果進一步像這樣分辨並表達自己的情緒，就能讓怒氣稍稍減緩。

當怒氣緩和後必須仔細思考自己為何會生氣？是不是內心的孤單、恐懼或羞愧感被觸碰到了？把焦點擺在自己身上，而非對方。那麼怒氣自然會消失，也就不會衍生出不安和恐懼等其他情緒。

下屬老是惹我生氣！

在大企業擔任部長的S先生，在公司裡看某人特別不順眼，那個人正是他的下屬朴科長。每次當朴科長手上的案子獲得批准時，總會顯得驕傲自滿，像是在昭告天下自己為這個專案多努力、為部長多拚命。

S先生起初並不以為意，雖然不大認同這樣的做法，但想想也就算了。不過時間久了，他開始對朴科長的行徑感到反感。當朴科長來找他審企劃案時，內心不舒服的感覺越來越強烈，甚至覺得憤怒。

S 先生開始挑朴科長的毛病，只要看到他的提案稍有疏失，抓住小辮子就狂飆，導致兩人共事時，經常爭鋒相對。朴科長認為 S 先生是故意找碴，不願肯定下屬的辛勞，覺得 S 先生是無能的主管，對他不屑一顧。而 S 先生則是要求朴科長改掉自以為是的毛病，到最後朴科長受不了，逕自向公司高層投訴 S 先生。

為何事情會演變至此？如果 S 先生一開始就察覺到內心不舒服的感受，進一步探討原因，情況也不至於這麼嚴重。他看不慣朴科長得意自滿的樣子，為此忿忿不平。

S 先生看到驕傲自大的人會心生厭惡，起因於從小與弟弟的差別待遇。小時候，因為弟弟比較聰明，又會念書，深受父母喜愛。雖然自己的學業成績也不算太差，但還是比不上弟弟，讓他心生自卑。因此，他對表現優異的人特別反感。看到朴科長自以為是的模樣，讓他想起小時候的弟弟，奪走了父母對他的關愛，讓他難以忍受。

S 先生的問題出在自卑感。他希望自己表現比別人出色，想成為比弟弟更厲害的人，藉此獲得父母的肯定。如果能察覺到內心有這樣的想法，就能更深入了解自己。

S 先生需要練習接納內心的自卑感，也要練習放下總想贏過別人的心態。

對S先生而言，要接受世界上有許多人比他更厲害並不是件容易的事。但如果無法克服這點，之後可能還會遇到無數個「朴科長」，會阻礙他未來的職涯發展。因為問題的真正原因不在朴科長身上，而是源自S先生內在的自卑感和優越感。

與人發生衝突時，我們很自然地會把責任歸咎於對方。

「都是你害我生氣的！」

「都是因為你才會變成這樣！」

從某個角度來看，這句話並沒有錯。但換個方面來看，因為對方觸發了我們的情緒按鈕，讓我們有機會檢視憤怒的原因，以及內心真正在乎的是什麼。

如果被刺激到的情緒反應越大，就表示越貼近內在的核心感受。因此我們反而要感謝那些激怒我們的人，謝謝他們讓我們更了解自己的感受。

但實際上，一個人要完成這樣的練習，並不容易。在漠視情感的社會氛圍中，人們總想逃避情緒，很難有機會學習認識情緒，了解到情緒其實是非常珍貴的資產。在下一章節中，我將帶大家透過紀川、貞瑩這對夫妻的諮商案例剖析，從中看見自己。

第二章

假情緒與內在情緒

貞瑩主要的內在情緒：「孤單」

被迫獨立的孤獨感

貞瑩的父親是遠洋航線的船員，幾個月才會回家一次。母親一肩扛起家裡的大小事，為生活奔波忙碌的她，根本無暇照顧孩子，對丈夫心存怨懟，也經常責罵批評孩子。大姐對母親百依百順，跟母親一樣疲於奔波。二姐老是跟母親唱反調，動不動就頂撞母親、和大姐吵架，也會欺負貞瑩。而小弟則是成天往外跑，不在家裡。在這樣環境下長大的貞瑩，被迫學會獨立。

「我實在會被妳姐和妳弟氣死，到底像誰讓人這麼操心？都說女人如果嫁錯人，子女也不會好到哪裡去，這句話還真是對極了！幸好我還生了妳。」母親時常向她抱怨。

每當這時候，貞瑩總會在心裡暗自決定，絕不讓母親操心，凡事靠自己。從她上大學以來，除了打點好自己的事情外，也幫忙處理家中所有人的事。家裡遇到事情時，母親也都會找她商量。

就連久久才回家一次的父親，也是如此。某次父親回家時，剛好再過不久就是母親生日，貞瑩向家人提議幫母親慶生。

「爸，你好久沒幫媽過生日了，餐點我們來準備，爸負責買禮物吧！」

「都幾歲的人了，過什麼生日……你們自己看著辦吧！」

「不然這樣好了，爸負責出錢，我們買禮物，到時候你再把禮物送給媽。」

到了生日那天，貞瑩跟大姐忙著準備慶生宴，還特別囑咐二姐和小弟一定要把晚上的時間空出來，一起幫母親過生日。

那天晚上，母親看到大家聚在一起幫她慶生，忍不住感動落淚，說她已經好久沒有這麼開心了。其他家人雖然沒說出口，但臉上也洋溢著幸福的表情。貞瑩因為這件事深受家人們的讚賞。被家人稱讚和肯定的貞瑩，心裡很滿足，覺得一切的努力都值得了。這件事讓她找到了家的歸屬感，也因此比以前更認真打理家裡的事，盡力做好所有能做的事。

別讓我孤單！

貞瑩從小就很孤單，沒有可以聊心事的對象。偶爾向母親傾訴內心的痛苦時，母親總會說：「我比妳還要苦！」讓她不敢再對母親訴苦。姐姐們也一樣，不僅不關心她的感受，甚至還會反過來欺負她。漸漸地，貞瑩學會把情緒隱藏起來，雖然不想讓別人知道內心的孤單和痛苦，但她會藉由其他的方式，讓自己不那麼孤單。

她之所以這麼努力工作，一手包辦家裡的大小事，就是希望透過家人的肯定，逃避內心不舒服的感受。因此，當她得不到紀川肯定時，或是她說的話不被接納時，會突然被莫名的情緒淹沒，變得判若兩人。

她會開始責怪紀川，或對他發飆。但如果老公還是依然故我，就會採取冷處理的方式。至少和對方冷戰時，暫時不必面對心裡的不舒服，並且把責任歸咎在對方身上。貞瑩就是藉由這樣的方式，逃避內在孤單的感受。

然而越是這樣，紀川和貞瑩的關係就越是疏離。貞瑩雖然內心希望老公對她溫柔體貼，但當事與願違時，她便開始和老公冷戰。這樣的狀況一再發生，冷戰久了，兩人的感情也冷了。

貞瑩無法說出自己內心的渴望，因為她必須誠實面對內在的孤單，向紀川坦白。但她卻做不到，打死都不願意，這會讓她覺得自己很狼狽、很丟臉。

孤單營造出的「暖男」假象

紀川在談戀愛時，對貞瑩百般呵護。貞瑩被他的體貼融化，兩人陷入愛河後結婚。因此貞瑩對紀川現在冷漠、嚴肅的樣子感到陌生。然而，不管紀川是什麼樣貌，貞瑩是否看過他這個樣子，這些都是紀川的一部分。

約會時，我們通常只會看到對方的某一面，被愛情蒙蔽了雙眼。即使是在戀愛中，紀川呈現出不同的樣子，貞瑩很可能也沒發現到。因為她眼中只看見自己想要的，那就是——紀川親切溫柔的形象。

結婚後，貞瑩對老公有很多期待，希望老公可以讓自己擺脫孤單，總想和他形影不離。但紀川因為工作忙碌，時常忽略貞瑩，讓她很難過。就算他待在家裡，也總像個木頭人一樣，叫也叫不動，再也不是貞瑩原本心目中溫柔體貼的暖男形象。但事實並非如此，這其實是貞瑩內在情緒創造出來的假象。

雖然心裡難受，但貞瑩並未說出她的內心話，而是用要求命令的方式強迫紀川。認為都是紀川害她這麼難過，經常不給他好臉色看。刻意挖苦他，或是對他嘮叨不休，甚至用情感勒索他。久了，紀川也對貞瑩越來越疏遠，兩人的關係陷入惡性循環。

跟老公關係疏離的貞瑩，心裡感到很委屈。原本想逃離孤單、空虛的感受，才選擇和親切溫柔的紀川結婚，她覺得自己被騙了。

內心委屈的人會傳達出自己是受害者的訊息。貞瑩認為紀川是加害者，是紀川毀了她的人生，才會對紀川說出：「把我的人生還來！」這樣的氣話。

但即使說出這樣的話，紀川卻依舊無動於衷。貞瑩只能獨自面對內心孤單、空虛的感受，她知道自己逃離不了這些情緒，因而陷入憂鬱的深淵。

紀川主要的內在情緒：「恐懼」

怕家人們生氣

紀川的父親是上班族，母親是家庭主婦，他在家中排行老二，上有哥哥，下有妹妹。父親個性急躁、控制欲強，凡事都得聽他的。父親只要一喝酒，家人們就會神經緊繃，進入備戰狀態。父親會叫大家站在他的面前，開始數落一番，宣洩平時不滿的情緒。

母親長期飽受父親壓迫，過著忍氣吞聲的生活。大哥進入青春期後，開始會頂撞父親。尤其當母親向大哥訴苦時，他會為母親挺身而出，上前和父親理論。身形比父親高大的他，就算父親想動手打人，大哥只要抓住父親的手怒吼，父親就不敢對他動手。

那天，父親也一樣喝了酒，對母親大吼。

「喂！妳是瞧不起我嗎？前幾天我肚子餓，叫妳煮個飯給我吃，還故意拖拖拉拉的，是存心想餓死我嗎？沒把我放在眼裡了是不是？」

接著，母親開始哭著向大哥求救。

「兒子啊！你看你爸又來了，又在故意找我麻煩了。」

原本待在房裡的大哥，立刻衝出來對父親大吼。

「爸，你夠了沒？為什麼老是欺負媽？拜託你不要再這樣了。」

聽到大哥這麼說，父親怒氣沖沖地作勢要打人。

「臭小子，跟誰學的？說話這麼沒大沒小？都是你媽把你寵壞了，現在連你都敢瞧不起我了！」

大哥的眼神充滿怒火，衝到父親面前怒吼。

「你有完沒完啊？爸一定要這樣是不是？」

氣氛劍拔弩張，兩個人似乎快要打起來。

「我呸！欠人教訓的傢伙！」

看大哥一副氣勢凌人的樣子，父親「砰」的一聲甩上房門回房間，房裡傳來父親的怒吼，和東西砸落一地的聲音。

只要家裡一有人吵架，紀川就會感到害怕。個性敏感的紀川，很努力想維持家庭和諧。雖然父親動不動對母親發飆，讓他很害怕，但讓他更害怕的，是父親和大哥兩人對峙的火爆場面。兩個人光是拉高音量互罵，就會讓紀川心跳加速、呼吸加快，深怕一不小心就會釀成家庭悲劇。

紀川不希望家裡發生這種狀況，因此會看父親和大哥的臉色，盡量避免惹他們生氣。除了父親和大哥的問題外，妹妹則是成天往外跑，不喜歡回家。紀川怕家人生氣，常盯著妹妹要她早點回家。但就算妹妹在家，也經常找碴惹大家生氣。紀川在家裡總是戰戰兢兢，怕家人們一言不合吵起來，但他內心滿腔的委屈、憤怒和孤單，卻找不到人傾訴。只有對妹妹發牢騷時，偶爾會說出自己的心裡話。

「妳就不能早點回家嗎？讓我稍微喘口氣好嗎？妳知道妳哥我有多累嗎？」

「哥幹嘛老是針對我？我的事你不要管，管好你自己就好！」

聽到妹妹的冷言冷語，紀川不知道該說什麼，除了生氣也感到失望。他下定決心：「等我以後有自己的家庭，絕對不要再過像這樣的生活，我要打造幸福快樂的家庭。」

好好先生情結

紀川從小像個小大人一樣，每當父親和哥哥起衝突，家裡氣氛弄得很緊張時，他總會跳出來排解糾紛。因此，他很善於打圓場，緩解衝突狀況。朋友們吵架時，他會用心聆聽雙方的想法，圓滿解決糾紛，很受朋友喜愛。

長大後也是如此。在公司裡，當同事們意見不合時，都會找紀川處理。尤其是主管和員工發生衝突時，紀川會用比較圓融的方式，轉達主管的想法，安撫底下員工們的心情。也因為這樣，他在公司扮演舉足輕重的角色。

紀川樂於幫助別人，不會情緒用事，同事們都覺得他脾氣很好，經常受到旁人讚美。但紀川其實根本不知道自己內心有什麼想法或感受，就連跟他很要好的朋友，也不了解他的內心世界，因為他從來不曾對別人說過心裡話。

有時，紀川也會感到疲憊和煩躁，特別是在當他攬了太多工作在自己身上的時候。他擔心拒絕別人，會讓彼此關係交惡，對別人的要求，總是一律照單全收。工作變得繁重，就連跟家人約好了也經常爽約，假日照樣去公司加班。

雖然公司主管和同事都很喜歡紀川，但紀川卻不好意思開口請別人幫忙，因為通常都是他在配合別人。實際上，圍繞在紀川身旁的人，都是想要他幫忙的人。如果紀川想改變這樣的模式，必須學會拒絕別人，也要有覺悟不能再繼續當「好好先生」。但這麼做，很可能會影響主管對他的觀感，對職場升遷造成影響。紀川也對這點心知肚明，因此他想都不敢想。他努力避免和別人發生衝突，卻沒人了解他的感受，也無法好好放鬆休息。

與他人保持距離

即使在家裡，他也一樣無法放鬆。一回家，就得看太太臉色，幫忙照顧孩子。在這樣的狀況下，紀川開始對貞瑩疏離，用逃避來保護自己，讓自己有時間喘口氣。

然而，貞瑩卻不肯放過他，對他咄咄逼人。站在貞瑩的立場，她覺得自己和孩子被紀川冷落了。一開始，貞瑩對他發火時，紀川不知道該怎麼做才好。他不想和貞瑩起衝突，便盡可能滿足她的需求。但他自己也一樣想休息、希望有人能了解他的心情，只是因為怕貞瑩生氣，才假裝配合。紀川陷入兩難的糾結，不想配合，卻又不知道該怎麼開口。

因此夫妻關係逐漸惡化，太太經常對他大呼小叫，他也對太太動不動發脾氣、頤指氣使的樣子感到厭煩。但他卻敢怒不敢言，長時間累積在心裡的怨氣，才會在兒童節那天一下子全爆發出來。

內心住著小孩的大人，他們在職場上雖然表現優異，卻不知道如何與情緒共處，或被情緒駕馭而無法自拔。紀川在和貞瑩相處時，也經常遇到情緒無法控制的狀況。這對紀川來說，是非常痛苦的事。因為他一直很努力控制自己，當他控制不了自己時，會覺得很煩躁。

紀川的個性較敏感，這類型的人內心很容易受傷，因為害怕受傷，會盡可能讓自己免於傷害。但這麼做讓他們耗掉很多心力，就算什麼都不做，也會感到精疲力盡。為了保護自己，他們會刻意與別人保持距離，最常見的方式就是待人苛刻，或行事作風冷酷、公事公辦的態度。紀川自己也不知不覺用這樣的態度對待貞瑩，開始漸漸疏離她。

好想找個地方休息

個性敏感的人，只要在人際關係上受挫，就會先從關係中抽離。唯有不在意對方時，才不會讓自己受傷。

當貞瑩對紀川發脾氣的次數越來越多，紀川對貞瑩的感情也越來越淡。當紀川還在意對方時，至少還會想為對方付出，會為了顧及貞瑩的感受而努力。但公司的事讓他忙得焦頭爛額，他累到什麼也不想管。在身心俱疲的狀況下，他無力顧及貞瑩的感受，因為已經超出他的極限。為了求生存，人類的本能反應，會啟動各種防禦機制。以紀川的情況而言，一開始是先採取敷衍了事和冷漠應對的態度，再來是發脾氣，最嚴重時，則是情感抽離。

紀川和貞瑩間的衝突越演越烈，紀川開始把情感轉移到公司的女同事李宥華身上。這也是一種為了求生存做出的掙扎，因為她的溫柔讓紀川獲得慰藉，讓他可以稍稍喘口氣。如果這樣的狀況持續下去，紀川最後會透過不正當的方式，尋求心理上的慰藉和放鬆。

害怕承認內在情緒

承認自己孤單很丟臉

陷入憂鬱深淵、甚至想永遠沉睡一覺不醒的貞瑩，經過幾次的諮商後，從憂鬱中走出來，卻回到原本經常發脾氣的狀態。她希望紀川能對她溫柔一點，多陪陪她，但為何她無法對老公說出心裡話，而是用發脾氣的方式呢？

「妳對老公發脾氣，是想要獲得什麼？」

「我希望他可以多陪陪我。」

「希望他多陪陪妳可以直說，為什麼要用發脾氣的方式呢？」

「承認自己孤單很丟臉耶！」

「這麼聽來，妳是因為不想讓自己丟臉，才會用發脾氣的方式。換句話說，妳是為了解決自己的問題，才對老公發脾氣是嗎？」

聽我這麼一問，貞瑩頓時啞口無言，表情顯得十分尷尬。

「妳現在的心情如何？」

「感覺很糟。」

雖然不願意承認，卻又無法否認，心裡很不是滋味。

貞瑩陷入兩難的困境，不知該如何是好。一方面她希望老公留在家裡陪她，卻想表現得理直氣壯，才會用發脾氣的方式。另一方面，如果不這麼做，她就必須承認自己的孤單，坦白告訴對方，這會讓她覺得很丟臉。一想到要面對孤單，她心裡很難受，身體也開始出現不舒服的症狀。她突然感到一陣胸悶，甚至頭暈、想吐。長期壓抑情緒的人，當情緒湧現到了難以承受的地步，卻還是拚命強忍時，身體會出現警訊。

在貞瑩身體不舒服的症狀稍微緩和下來後，談話才得以再度進行。

「接納自己的孤單，會讓妳有什麼感覺？」

「我會覺得自己好狼狽。我從小都是一個人，所有事情都得自己來。我很討厭獨處，不想要一個人孤伶伶的，才會對紀川發脾氣，想讓他留在家裡，要他幫忙照顧孩子。」

「妳小時候很孤單嗎？」

聽到這句話後，貞瑩難過地哭了起來。

「沒錯，我從小就很孤單，沒有人喜歡我，覺得自己一無是處。生怕別人看見這樣的自己，覺得很丟臉、很狼狽。想逃避這種感覺，所以決定武裝自己，讓自己變得堅強，但現在才發現，這麼做一點用也沒有。」

貞瑩就這樣哭了好一陣子後，我請她試著把內心的話說出來。她猶豫了很久，才終於小小聲地開口說：「我不想要一個人……」我請她把這句話套用在她和紀川的關係，她用比剛才稍微更大聲的音量說：「我不想要一個人，我想要紀川陪在我身邊。」

接著，我鼓勵貞瑩更進一步地試著說出：「我很孤單，我需要你的幫忙。」但她卻面有難色、緊閉雙唇。我問貞瑩：「那妳想一個人獨自生活嗎？」她搖搖頭，卻還是不肯開口。於是，我出了回家作業給她，要她這一星期內試著練習說這句話。

頭腦知道但內心無法接受

一星期後，貞瑩踏進諮商室，向我抱怨這段期間她過得很痛苦。她告訴我，雖然她頭腦知道自己很孤單，需要別人協助，但心裡卻難以接受。一想到要承認這件事，彷彿世界崩塌，生怕被老公拒絕，內心充滿恐懼擔憂。

因為一直以來，她都是靠「我很獨立、我很堅強、我很勇敢」的信念在支撐自己。當發現這些信念，是為了逃避孤單後，她突然覺得自己很渺小，整個人像洩了氣的皮球一樣。她失去自信心，擔心老公會討厭這麼脆弱的自己。

「聽完老婆的話後，你有什麼想法？」我問紀川。

「我其實早就知道妳很孤單，也覺得妳需要我的幫忙。」紀川對貞瑩說。

「真的嗎？你早就知道了？」

「嗯，沒關係的，我都知道，所以就算我想依賴妳，也沒辦法那麼做。」

「原來如此，看來只有我不知道，朋友也經常說我是很怕孤單的人，是我自己不願意承認，像個傻瓜一樣。」

貞瑩不願意承認自己的孤單，對她來說，孤單就像是被世界遺棄了一樣，沒有人喜歡她，覺得自己不值得被愛，讓她感到很羞愧。

她才驚覺到原來自己這麼努力生活，是為了逃避這種感覺。從小自動自發認真讀書、幫父母打點好家裡的事、甚至是兄弟姐妹的事；結婚後，工作、育兒、家中大小事一手包辦，希望藉此獲得老公認同……這些全都是因為害怕孤單，極力想遠離孤單，才會用這樣的方式逃避。

我跟可怕的他們不一樣！

紀川不喜歡吵架，希望和身邊的人關係和諧，但太太不能接受他只想在家休息，為此兩個人經常吵架。漸漸地，他對太太的感情變淡了，兩人之間的衝突越演越烈。紀川內心深處潛藏的暴力傾向，讓他突然變成破口大罵、亂砸東西的「怪物」。這件事對紀川的影響很深，他明明這麼討厭大哥和父親發脾氣的樣子，但自己居然也變得跟他們一樣，這讓他很痛苦。

「我本來不是那樣的人，是被爸和哥他們影響的。我之所以這麼努力，就是不想變得跟他們一樣。」

紀川不願意承認自己跟哥哥或父親是一樣的人，極度抗拒自己的黑暗面，還反過來指責哥哥和父親。

另一方面，他也把矛頭指向貞瑩，認為是因為貞瑩故意激怒他，才會讓他這麼生氣，不然自己根本不可能會那樣，他把責任推到貞瑩身上，藉由這樣的方式，逃避內在的羞愧感。諮商時我遇過很多人跟他一樣，不願意接納自己的黑暗面，避之唯恐不及，甚至還認為一切都是別人的錯。

「不願意面對自己的黑暗面，有什麼好處？」

許多人被我這麼一問，包含紀川都頓時愣住，不知道該怎麼回答。這樣的情況稱之為「遲鈍現象」，指的是當發生過去從未想過的事，或是一直以來的認知被推翻時，受到驚嚇一時反應不過來，會出現感覺遲鈍或麻木的症狀。

紀川從來沒有想過，自己之所以不願意面對像魔鬼一樣的黑暗面，是想從中獲得什麼好處。因此當他被問到這個問題時，整個人突然呆住了。

紀川認為自己是天使般的好人，跟像惡魔一樣的大哥和父親，是兩個不同世界的人。但他做夢也沒想到，天使與惡魔居然是並存的。在他的認知裡，天使是好人，惡魔是壞人，是二元對立的存在。

紀川只看見自己天使般的光明面，沒看到自己惡魔般的黑暗面。我給紀川出了一項功課，要他回去想想：「不願意面對黑暗面，對他有什麼好處？」

一個星期後，紀川踏進諮商室時，整個人顯得很憔悴。

「這一個禮拜以來，我過得很痛苦，覺也睡不好，也沒心情工作。我之所以不願意承認自己也有像惡魔的一面，是想藉此獲得優越感。」

長久以來，紀川一直被父親和大哥打壓，在力量上贏不過他們，自然而然會想找到自己能夠贏過他們的地方。而他找到的方法，就是讓自己變成跟天使一樣的好人，藉此證明自己跟他們不一樣，比他們更厲害，來提升自己內心的優越感。然而，當他發現原本引以為傲的自己，其實跟哥哥或父親並無兩異，堅信不疑的信念瞬間崩盤瓦解，要他如何接受這個事實？

他的內心會有這樣的衝擊，是因為他不允許自己也有像惡魔一樣的黑暗面。明明是頭獅子，卻以為自己是溫馴的兔子。但我給他的建議是，如果想化解內心的衝擊，必須先接納並允許自己是獅子，不要再把自己當成是兔子。

在叢林裡跟獅子們一起生活了十幾年的他，不可能是兔子。長久以來，面對哥哥和父親衝突不斷的情形，紀川心裡早已累積許多不滿。但他卻認為自己是溫馴的兔子，扮演勸架者的角色，勸獅子們不要吵架。不過這麼做反而是間接證明了，他其實是比哥哥和父親更厲害的獅子。這就是紀川的成長背景。

紀川一腳踏進了叢林世界，在這片叢林裡，住了父親和哥哥這兩隻老是怒吼的獅子。他討厭住在叢林，認為自己不是屬於這個世界的人，嚮往像草原一樣和平的世界，想和兔子們住在一起，因為兔子們不大會吵架。

但當他以為自己終於如願以償跟兔子住在一起後，卻看見自己像獅子的另一面。在貞瑩像老虎般發脾氣後，為了對抗老虎，紀川突然變成獅子反擊回去。

紀川來找我時，整個人很憔悴，沒有食慾，連工作也無法專心。我明白要他接納自己的黑暗面並不容易，他能做到這樣已經很值得嘉許，我也不吝於讚美他。因為要走過這段過程確實很痛苦。要接受自己身上也有跟自己討厭的人一樣的特質，需要很大的勇氣。雖然面對自己的黑暗面，心裡會很難受，但這也會讓自己更加成長。

勇於承認，就能讓心自由

面對內心的孤單

對貞瑩而言，她現在要做的就是好好感受孤單。這麼做雖然很痛苦，卻是必經的過程。我問貞瑩，有沒有讓她感到特別孤單難受的過去記憶？她開始談起深埋在心底，從未對任何人提起，被同儕排擠的童年回憶。

「我從小就沒什麼朋友，上了高年級時，在班上交了一位好友，她來找我玩時，我卻對她很冷漠。或許是從來不曾被母親溫柔對待過，以至於我不知道該怎麼跟人相處，連對朋友也板著一張臉孔。結果，那位朋友很難過，生氣地對我說：『我再也不要跟妳玩了！』從那之後，她就再也不找我玩了，跑去找別人玩。其他孩子們看到我，也笑我是討厭鬼，沒人想跟我玩。我聽了很生氣，我越生氣，他們就越開心。我在學校裡一個朋友也沒有，一點也不想去上學，心裡很難受。」

貞瑩邊說邊顫抖，開始哭了起來。她正在面對內心深層孤單的感受，一字一句傾訴當時沒能說出口的痛苦。

「我好像一個人站在那，感受著刺骨寒風；其他的孩子們則是站在另一邊，如沐春風地有說有笑。明明他們離我這麼近，我卻無法靠近他們。有一次，我好不容易鼓起勇氣，走過去找他們玩，但我一靠過去，大家都躲我躲得遠遠的，只留我一個人在原地。」

當貞瑩訴說這段經歷時，我請紀川握著她的手，在她全身顫抖時抱著她。貞瑩被紀川抱著後，哭得更厲害了。

「我到底做錯了什麼？為什麼要排擠我？你們怎麼可以這樣對我？嗚嗚嗚……」

貞瑩放聲大哭，整個人渾身發冷不停顫抖。紀川把自己的衣服脫下來，披在她身上。貞瑩身體顫抖發冷的症狀，持續了好一陣子。

學會與孤單共處

貞瑩挖掘到內心深層的孤單，承認自己其實很孤單。但她覺得自己並不是討人厭的人，是父母害她這麼孤單，是父母親的錯，不是她的錯。接著，她說出另一段兒時回憶。

「大概是六歲左右的時候，我睡午覺醒來發現家裡都沒人。我很害怕，一直叫媽媽，但都沒人回我。我不知道發生什麼事，也不曉得他們去哪裡，當時真的很害怕。心急如焚的我，突然想到媽媽平常會叫我打掃房間和洗碗。心想，要是我把媽媽交代的事情做完，或許媽媽會早點回家。於是，我開始動手洗碗和整理房間。但我把事情做完後，媽媽還是沒回來。我難過地哭了起來，哭著哭著就睡著了。

醒來後，看見爸爸、媽媽、弟弟都回來了。我以為他們會問我會不會害怕，結果他們像是什麼也沒發生一樣，只顧著聊別的事情。我沒能告訴他們，我有多害怕。我不懂當時為什麼爸媽會那樣做？為什麼我一句話也不敢說？心裡雖然很悶，也覺得很奇怪，但類似的事情一再發生，讓我覺得好像只有我把他們要我做的事情做完時，他們才會早點回來。」

語畢，貞瑩臉上滿是無奈。

「說完這些事，突然覺得自己好可悲。連害怕沒人在家也不敢說，一心認為只要我乖乖聽話，讓爸媽開心，他們就會早點回家。因為太害怕，只有這麼做稍微能安撫自己。我一直不願意承認這點，但我真的是很可悲的人。」

當貞瑩說完：「可悲的人真是討人厭！」這句話後，低著頭不敢正視我和紀川，擔心別人看她的目光。

「妳想聽聽紀川的想法嗎？要不要問問看？」

「聽完我這麼說，你有什麼想法？會覺得我很討人厭嗎？我不要你可憐我，實話告訴我！我願意接受！」

「妳一點也不討人厭！我都不知道原來妳這麼孤單，剛才聽妳說這些事，才總算知道為什麼妳老是叫我早點回家；假日我出門時，妳會這麼不開心了。」

聽到紀川這麼說，貞瑩鬆了一口氣，眼淚也跟著掉了下來。

她一直想逃避孤單，認為孤單的人就是沒朋友、惹人厭的人。害怕被人討厭，不願意面對內心的寂寞。她也該是時候重新看待孤單，改變對孤單的看法。

我問貞瑩：「為什麼孤單的人就是惹人厭的人？」

被我這麼一問，貞瑩顯得不知所措，因為她從來沒想過這個問題。等她稍微冷靜下來後，我問她有什麼想法？她說她腦袋一片空白。我請貞瑩花點時間仔細思考，但她還是說她不知道。於是我出了項功課給她，要她接下來這一個禮拜，當覺得孤單時，不要刻意找事情做，也不要找人聊天，練習一個人靜靜獨處，感受孤單的感覺。

一星期後，貞瑩踏進諮商室時，臉上的表情很開心。

「坦白說，還沒開始練習時，心裡很掙扎。一想到要面對內心極度抗拒的感受，覺得很難受，也會埋怨醫生幹嘛出這種作業。剛開始前幾天，還是跟以前一樣想逃避，會找事情來忙，也會故意為難老公。但某一刻突然驚覺自己怎麼會這樣?很討厭身為膽小鬼的自己。決定照醫生說的，孤單時什麼也不做，練習一個人獨處。不過，當孤單來襲時，我會一直拚命胡思亂想。為了停止胡思亂想，我試著靜下來凝視自己的孤單，好好與自己相處。神奇的是，居然好多了，而且也察覺到老公的感受。因為我的關係，他也跟著陷入孤單。這麼做讓我不只看見自己的孤單，也看見老公的寂寞。於是我走向老公，靜靜地握著他的手，老公也緊握著我的手。那種感覺真好，孤單感也逐漸消失了。」

像這樣過了好幾個禮拜，原本沉浸在幸福的貞瑩，又開始抱怨。她說她覺得老公好像又在疏遠她了，她不喜歡這樣的感覺。我請她這禮拜回去後做一樣的練習，練習和這種不舒服的感受共處。一星期後，來到諮商室的貞瑩，表情不像上次那樣開心，反而顯得有點沉重。

「我一直覺得孤單是不好的，只有不受歡迎的人，才會有孤單的感受。但後來才發現，孤獨是人類的本質。」貞瑩開始接納孤單，允許自己孤單，不再要求紀川陪著她做每件事，知道有些事情可以一起完成，有些不行。

「每個人都是孤單的，不是只有我而已，也不是因為不夠好，才會覺得孤單。現在就算老公不在家，好像也沒關係。」

聽到這句話的紀川，露出欣喜的表情。

「聽到太太這麼說，真的很開心。之前不管做什麼，她都希望我陪她一起，壓力很大。終於可以放下心中的石頭，稍微喘口氣了。」

貞瑩不再緊抓著老公不放，真正獨立做自己。

過去貞瑩的人生只活了一半。「寂寞」和「陪伴」，就像是銅板的兩面。陪伴的人，也可能會寂寞；寂寞的人，也可能隨時可以找到人陪。

學會與孤單共處，能找回自我認同，不再從別人身上尋找認同感。人在孤單的時候，會更知道自己要什麼？要往哪裡走？

每個人都是獨立的個體，兩個人再怎麼相愛，彼此間也還是有距離，不是努力就能消弭距離，需要練習接納孤單。但也不要刻意逞強，太孤單時也要試著找人求助。如果只是一味地想逃離孤單，反而會讓問題變得更嚴重。

學會和住在內心的怪物共處

紀川承認自己生起氣來有點可怕，但又立刻戴起兔子的面具，開始訴說他內心的恐懼。內容雖然跟貞瑩不大一樣，但結論是一樣的，認為一切都是父母的錯。自己之所以會變成像怪物一樣發脾氣，是他們一手造成的。

「那年我七歲，大哥十七歲。那天，爸爸醉醺醺地回家，把我們叫到他面前，不分青紅皂白地把我跟大哥罵了一頓。大哥不耐煩地把頭撇開，爸爸看了很生氣，對著哥怒吼：『臭小子！翅膀硬了是不是？你爸講話有沒有在聽？』說完，一巴掌硬生生打在哥的臉上。當爸爸舉起手，又想打哥耳光時，哥反過來抓住爸爸的手大喊著：『爸！你就這麼討厭我嗎？既然這麼討厭我，當初幹嘛把我生下來？』爸爸聽完更火大，一腳踹過去，哥哥也不甘示弱地揮拳還手。大哥的體型比爸爸壯碩，還手也沒在手軟，一副快要把爸給打死的樣子。我看到這一幕，心裡很害怕，趕緊跑去找媽媽，叫媽媽阻止他們。我哭著大喊：『哥！不要再打了！你這樣會把爸給打死的！』哥用力踹門後，就離開家走掉了。從那之後，我因為太害怕，變得不太敢跟他們兩個人說話。」

紀川邊說邊顫抖，就像孩子害怕時發抖的樣子。我請貞瑩抱著他，紀川被貞瑩抱住後，像孩子一樣哭了起來。起初只是輕聲啜泣，到後來甚至邊哭邊喊著：「媽！我好害怕！」貞瑩緊緊抱著紀川，不自覺地也跟著說出：「孩子！別怕！媽媽在這！」

就這樣哭了好一陣子後，紀川突然不哭了，倏地站起身，開始發脾氣。

「大哥跟爸爸他們兩個人是不是有病啊？動不動就拳腳相向，搞得家裡雞飛狗跳的。真的那麼喜歡吵架，兩個人乾脆直接打一場架，看誰輸誰贏？換作是我，才不會像他們這樣，要就痛痛快快地拚個你死我活！」

看到紀川一百八十度大轉變的樣子，我問他。

「現在不會害怕了嗎？」

「嗯，一點也不怕。」

「貞瑩看到紀川這樣子後，妳有什麼感覺？」

「我覺得很陌生，紀川一開始哭的時候，覺得他很可憐。但現在突然這麼生氣，整個人好像變了人似的，一點也不像他。不過這樣的他感覺比較有擔當，值得信任。」

「那紀川呢？現在的心情如何？」

「說完心裡想說的話，像是鬆了一口氣。」

過了一段時間，等紀川的怒氣稍微平復後，我又問他。

「你看起來好像沒那麼生氣了，現在心情如何？」

「我也不知道自己剛才為什麼會那樣，覺得自己怪怪的，也有點不好意思，不過心情不算太糟。」

紀川不斷和住在內心深處的魔鬼搏鬥，在接納與抗拒之間掙扎著。在這個過程中，紀川意識到自己內心有兩個自己一直在打架，當他接納自己也有像惡魔的黑暗面時，另一個自己又會馬上跳出來反駁，抗拒承認這件事。

期間，紀川和貞瑩也有衝突狀況發生，起因是紀川假日要去公司加班，因此兩個人起了口角爭執。

「我們這麼努力，甚至尋求心理諮商協助，就是希望改善夫妻關係，結果你假日還要去公司加班？」

據說紀川在聽完這句話後，整個人火都上來了。雖然沒有真的發脾氣，但他也看見自己內在的魔鬼被激怒了，發現自己原來是這麼容易生氣的人。

「醫生，為什麼明明已經接受心理諮商了，卻還是這麼容易發脾氣？我的身體裡到底累積了多少怒氣？」

「當你接受自己容易脾氣暴躁，像怪物一樣愛發脾氣，而別人也知道這件事的話，你的感覺如何？」

「我自己是可以接受，但如果別人也這麼說我，我可能會很生氣。」

「為什麼會這麼生氣？」

「因為太丟臉了啊！要我承認自己脾氣差，就已經不容易了，更何況讓別人知道，要承受別人的眼光，這樣很狼狽耶！」

「為什麼讓別人知道，會覺得很丟臉？很狼狽？」

「就是覺得很丟臉、很狼狽。」

紀川百思不得其解，不知道自己為什麼會有這樣的感覺。當人們無法更進一步理解認識自己，會一再重複說同樣的話。

我們都不完美

紀川內心的抗拒，是因為不想承認自己也有像惡魔一樣的黑暗面，覺得這樣的自己很丟臉。認為發脾氣時出現暴力傾向，是很醜陋、可恥的事，只有社會的低階者才會這樣，不想讓別人知道，自己原來也有這樣的一面。

他一直認為父親和哥哥是「動不動就發脾氣的怪物」，自己是脾氣很好、會用溝通化解衝突的「救援部隊」，如今卻發現自己其實跟父親和哥哥並無兩樣時，他突然覺得自己一無是處，不只在力氣上贏不過他們，個性也很差勁，這讓他很難接受。就算他願意承認這件事，還是會在意別人的眼光，無法打從心底接納自己的黑暗面。對紀川來說，他最重要的課題是學會在別人面前，呈現自己即便狼狽不堪卻最真實的樣貌。

學會和住在內心的怪物共處，是他現階段要做的事。

「你覺得怪物是什麼？」

「怪物就是怪物，還能是什麼？」

「你覺得怪物是什麼？」

我一再問他同樣的問題。

「怪物是可怕的。」

「你覺得怪物是什麼？」

「嗯……其實我自己也有像怪物的那一面，比較沒那麼抗拒了。」

經歷過這段過程後，紀川雖然心裡還是會不舒服，但不會像之前一樣否認怪物的存在。就好像騰出家裡的一間房間給怪物住，和怪物和平共處。

「如果要你幫怪物取名字，你想叫牠什麼？」

紀川想了很久，一番苦思後說：「怪物呈現出我的憤怒、控制欲、恣意妄為的一面。是啊！我其實也想像父親和哥哥那樣，想說什麼就說什麼。看來，這隻怪物應該取名叫做『霸王龍』。」

住在紀川內心深處的「霸王龍」，只要被冒犯到就會理智線斷線。但過了一段時間，恢復理性變回「溫馴的雷龍」後，又會開始轉過頭來批評那隻「霸王龍」。紀川一直渴望生活在和平和諧的世界，因此很努力調整自己，但很快就失敗了，因為他只看到事情的某一面。

然而，所有的事情都是一體兩面的，和平與和諧的背後，也一樣伴隨著焦慮和衝突。

紀川承認自己有待人親切、善解人意的一面，也有製造衝突、分裂的一面。尤其當他願意接納住在他內心深處的「霸王龍」時，體驗到光明面和黑暗面其實是並存的，心也跟著開闊了些，他和貞瑩的關係也慢慢改善。當怒氣來臨時，比較懂得調整自己，就算生氣也不會氣太久，很快就能消化情緒，讓關係重新回到軌道上。

紀川整個人像是脫胎換骨一樣，他允許自己可以跟別人吵架，接納自己也是會生氣的人，不再認為發脾氣是一件很丟臉的事情，也不再因為害怕失去形象，委屈自己迎合別人。紀川讓自己重新獲得自由。

諮商結束之後

藉由婚姻滿足依戀需求

貞瑩和紀川兩個人，童年沒能從父母親那裡得到愛和穩定感，因此想從另一半身上獲得滿足。貞瑩喜歡紀川的溫柔和體貼，每當紀川把她捧在手心上，對她百般呵護時，總讓她覺得自己是特別的人。

渴望家庭和諧，時常活在不安中的紀川，喜歡貞瑩的獨立自主，讓他覺得跟貞瑩相處時，不必像面對父親或哥哥那樣戰戰兢兢。

事實上，配偶就像第二個父母親的角色，能夠療癒童年創傷。也有人是因為另一半的愛，徹底擺脫了長久以來的孤單和恐懼。然而，這只有在其中一方是身心健全的狀態時，才有可能發生。

貞瑩喜歡紀川的溫柔和體貼，其實是紀川為了擺脫心中的不安和恐懼，刻意塑造出來的形象；而紀川喜歡貞瑩的獨立自主，同樣也是貞瑩為了逃離孤單，做出的掙扎。

彼此因為各自的需求，被對方營造出來的假象吸引，進而邁向婚姻，但建立在這種不穩固基礎上的家庭，新婚蜜月期一過，生完小孩後，婚姻生活開始出現裂痕，原本想逃避的情緒又再次找上門來。貞瑩還是一樣孤單，紀川也還是一樣不安。

貞瑩不想面對孤單，開始用發脾氣的方式來解決問題；紀川的憤怒也被引爆，打破平時的溫和形象，承襲了原生家庭的樣貌，因此才會上演了一場生氣的太太、暴走的老公，典型的家庭劇戲碼。從父母和另一半身上，都無法滿足他們的情感依戀需求，貞瑩因而陷入憂鬱症，紀川則是演變成精神外遇。直到這時候，兩個人才開始尋求諮商協助。

羞愧感衍生出來的情緒

每個人都有優越感，各自擁有不可侵犯的神聖領域，被別人侵犯到時會憤怒。而這絕不容許被侵犯的領域，也可以稱為是「自尊心」。

當人們在家庭或工作上情感嚴重受創，往往是自尊心被打擊的時候。一想到自己能力不好、學歷不好、沒錢、被瞧不起，心裡難以承受，因為自尊心受傷了。

對人們來說，要承認自己是渺小、微不足道的存在是很痛苦的，因為自我優越感瓦解了。只有在感覺自己比別人高人一等時，才會感到安心滿足；就算不能贏過別人，至少也要不分上下。

因此再小的爭執也一定要吵贏，和家人或朋友溝通時，不管是否會傷害對方，也不在乎事情真正的對錯，糾結點只在於對方是認同我、還是否定我？人們會有意識或無意識，藉由與別人分出高下，抗拒內在的羞愧感。

表面情緒、內在情緒、深層情緒

如前面所述，在成長過程中與父母親的依附關係裡，若無法形成健康的自戀，進而產生焦慮、孤單、自卑等感受，這些感受的源頭其實是來自內在的羞愧感。孩子們無法獲得父母認同時，潛意識會感到羞愧。獲得父母肯定和讚賞的孩子，某種程度上會覺得自己的存在是「重要的」，會有好像完成重大里程碑的「成就感」。然而得不到父母肯定的孩子，內心深處會認為自己是沒用的、毫無存在價值的人。

當潛意識形成羞愧感時，擔心別人發現自己的真面目，因而產生恐懼。怕別人知道自己真實的樣子，會鄙視或批評自己。因此為了消除這樣的恐懼，不知不覺中也會啟動各種防禦機制。例如：壓抑、逃避等。

也有的人在感到焦慮恐懼時，用發脾氣的方式來掩飾自己的情緒。把原本應該指向自己的矛頭，轉到別人身上，藉此逃離內在的恐懼。透過憤怒傳達出「我是對的，你是錯的」的訊息，讓自己佔上風。這樣一來，就可以擺脫自己很渺小、懦弱無用的羞愧感。

憤怒可以逃避自己的問題，又能讓自己佔上風，可以說是一舉兩得。憤怒是表面情緒，焦慮和恐懼是內在情緒，而內在情緒的背後，則是源自深層情緒的羞愧感。

不想面對內在羞愧感，擔心害怕被別人發現；不想表現出擔憂和恐懼的樣子，才會用發脾氣的方式掩飾。這是紀川和貞瑩對彼此發脾氣的原因。

從事諮商工作以來，遇過無數個家庭暴力個案。然而，施暴者並非都是凶神惡煞，大多數反而都是看起來很善良、柔弱的人。他們因為自己的軟弱，認為自己沒有存在價值而感到羞愧、自卑，當另一半在言談中觸碰到他們的弱點時，會出於本能地想反擊回去。

但施暴完後，受到旁人譴責，他們自己也會感到自責和愧疚。原本是想藉由這樣的方式，證明自己的強大，卻凸顯了自己的渺小。

沒錯，我是不完美的

許多人來找我諮商時，會很在意我說的話。心想著：「萬一諮商師說出我不想聽到或是無法接受的話時，該怎麼辦？」而帶著焦慮的心情前來。

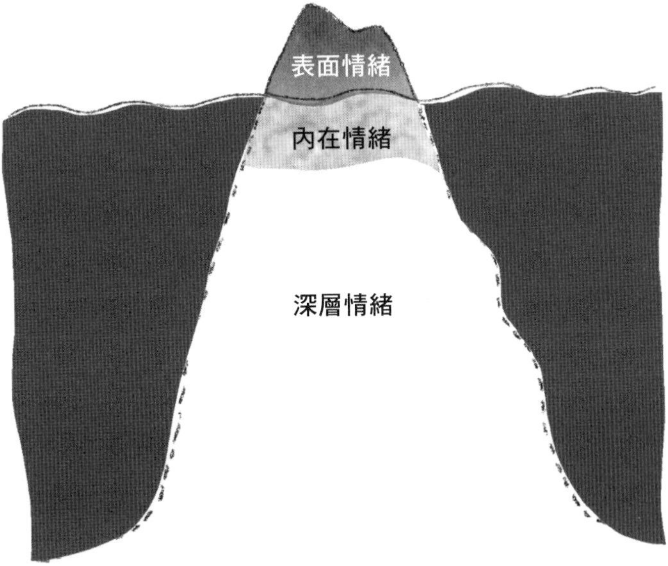

身為諮商師的我，會盡可能地接納理解他們，藉此幫助他們釋放緊張感。當緊張的情緒緩和下來後，許多人會開始生氣。就像貞瑩憂鬱症的狀況好轉後，便轉為憤怒的情緒，抱怨自己活得很委屈，對自己受到不當的待遇感到忿忿不平。

在發完脾氣後，雖然呈現出原本真實的樣貌，卻像是在害怕些什麼。在這個階段，有些人會像紀川和貞瑩之前那樣，開始哭了起來，將一直以來內心承受的傷痛傾瀉而出，訴說著自己有多麼孤單、多麼想要依賴，內在小孩也跟著悄然現身。

我們終究是渺小的存在，會孤單也會害怕，但要在別人面前承認這點，是很痛苦的一件事。不但不願意承認，甚至還會想武裝自己，假裝自己不孤單、不害怕，反而讓自己更痛苦。

每個人都有自尊心受挫的時候，父母不可能完全滿足孩子的自戀需求，因為父母也是不完美的人。對人類而言，羞愧感是無法避免的情緒。即使長大之後獲得父母的認同，或是遇到好的另一半，在關係中療癒了傷痛，內在的羞愧感也不可能完全消失。因為無論是父母也好，另一半也好，他們也一樣都是不完美的人，他們的自戀需求也很可能並未完全獲得滿足。

唯有當人們接納自己是不完美的，承認自己的極限，才有可能化解內在的羞愧感。

「沒有人是完美的，父母不是完人，你我也並非完人，身為人類的我們，都是不完美、渺小的存在。」當願意坦然面對一直想逃避的事實，問題才能真正解決。

再也不必為了掩飾自己的渺小，感到害怕或不安；也不必為了壯大自己而努力，心情反而輕鬆自在。這是人們需要學會的課題。

第三章

為什麼我會有負面情緒？

檢視負面情緒的成因

情緒需要做好管控

人的情緒，光能羅列出來的就超過六十多種，在這些情緒中，像是興奮、喜悅、安心等正向情緒，不會妨礙我們的生活。然而有些負面情緒會令人很難受，例如：憤怒、焦慮、孤單、自卑感等。當這些情緒太過強烈時，會讓我們陷入情緒風暴中。倘若沒有適當做好情緒管控，不僅會傷害自己，也會傷害別人。

像憤怒可能會演變成暴力行為，像是虐兒、家暴、社會犯罪，甚至是國家間的戰爭，背後的原因都來自憤怒。

焦慮會直接影響人們的心理健康，像是擔憂、恐懼、恐慌等情緒，都跟焦慮有關。當人們陷入焦慮狀態時，無法安心度日。

有句話說：「寂寞可以殺死一個人。」內心孤單的人，只要有人稍微對自己好一點，整個人就會陷進去。在男女關係中，很容易和對方發生親密行為；在同性情誼中，會和對方建立密不可分的關係。但這樣的關係，並非單純感情好，而是一直想黏著對方，無法拿捏彼此的距離，經常因此發生衝突。

許多人以為黏在一起就表示感情好，最典型的情況就是認為「彼此間不能有祕密」。會認為感情好，就應該毫無保留，但事實並非如此。要擁有健康和諧的關係，必須學會尊重對方的隱私，給彼此一些空間和距離。正因為在乎對方，更應該懂得互相尊重。如果用關係來脅迫，要求對方不能有祕密，這樣的關係並不正常，容易導致衝突不斷。原本想和對方建立緊密連結，卻讓關係變得更糟或越來越疏離，反而造成反效果。

自卑感則是在競爭中失敗的人，所衍生出的複雜情緒。生活中免不了遇到各種競爭，贏的人會產生優越感，輸的人會出現自卑感。無論是感到自慚形穢，或覺得自己高人一等，其實都是利用別人滿足自己內心的需求。但不管是自卑情結，或是優越情結，對健康和富足的生活並無助益。

扭轉負面情緒，成為前進動力

然而上述提到的這些情緒，只要懂得扭轉，就能成為豐盛的生活資源。

愛生氣的人，同時也是充滿熱情的人，通常愛生氣的人，個性相對積極，因為急著想推動某個人或某件事，才會感到焦躁憤怒。倘若漠不關心，無論對方的呈現或事情發展如何，對他來說都不會有任何影響，不必為此感到生氣。只要能調適好憤怒的情緒，這股熱情可以化為前進的動力，對自己或別人都有幫助。

此外，之所以會產生焦慮的感受，從某個角度來看，其實是希望未來的生活能夠更穩定，確保自己安全無虞。內心不安的人，會事先做好規劃，避免問題發生。因此，如果能調適好焦慮的心情，未來的生活便能按預期規劃前進。除了懂得未雨綢繆，也讓想像力變得更豐富。只要調整好焦慮的情緒，就能讓焦慮變成加分的特質。

容易感到孤單的人，其實很在乎人際關係。相較於男性，女性更容易感到孤單，也正是因為女性更注重與他人之間的關係。內心孤單的感受，若能調適得宜，便能建立美好的人際關係，擁有幸福的生活。

自卑感是人們進步的動力來源。心理學家阿德勒（Alfred Adler），他主張每個人與生俱來都有自卑感，認為人類的行為都是出於對自卑感的克服和超越，才得以過更好的生活。因為覺得自己不夠好，才會更努力。倘若能調整好自卑的心態，將會成為前進的動力。

憤怒／我是對的，你是錯的

凡事理性溝通

我喜歡說話直截了當。我曾思考過原因為何？或許是跟母親有關。我的母親很愛嘮叨，做事一絲不苟。不管我們去哪，一定要吃飽飯才可以出門，管我們管得很嚴。我們在玩的時候，她會不高興；回家後襪子亂丟躺著休息時，她會氣得火冒三丈。

「你沒手沒腳嗎？為什麼襪子不放好到處亂丟？」

「先讓我休息一下，我等一下會收啦！」

「現在立刻去收！」

我從小就不喜歡母親嘮叨，因此我後來直接跟她把話講開，她就不再碎念我。似乎就是從那時開始，我習慣凡事攤開來說清楚，和對方理性溝通。

許多人聽完我講課，會對我說：「教授講課條理分明、簡潔有力。」說完後，又會自己分析原因：「可能因為教授是數學系出身的，果然學數學的人就是不一樣！」我聽完通常會一笑置之。我的想法跟他們不一樣，我知道我之所以會這樣，真正的原因是不喜歡聽到母親的嘮叨。

我「討厭」聽人家碎碎念，這種厭惡的感覺，是一種輕微憤怒的狀態，是憤怒的兄弟姐妹。不喜歡、討厭、憤怒、委屈、憤恨、埋怨、憎惡……這些都是屬於同一類的情緒。憤怒傳達的訊息，基本有兩種：第一種是「我是對的，是別人的錯」，另一種是「我想要改變別人」。憤怒和它的兄弟姐妹們，背後也都藏著「我是對的，你是錯的」的訊息。

生氣時會對惹你生氣的人產生負面想法，看都不想看到他。因此，當處於微怒狀態時會看不慣對方；怒火升溫時，進一步會想改變對方；嚴重時甚至會出現玉石俱焚的衝動。

我不喜歡聽到母親嘮叨，在心中埋下了憤怒的種子。雖然生氣，但因為很輕微，連我自己也沒察覺到。一直在想，要怎樣才能讓母親停止碎念？覺得似乎只有跟她把話攤開來說清楚，直接理性溝通，才能解決這個問題。

於是我對她說：「媽，我自己的事我自己會處理，請妳不要過問。妳再說下去，只會讓我更頭痛。」直接跟她把話講開。

母親碎碎念最嚴重的時期，是我開始上教會的時候。因為她是虔誠的佛教徒，經常去廟裡拜拜。知道我去教會後，她最常說的一句話就是：「一個家裡容不下兩個宗教！」為了讓母親不再嘮叨不停，我故意振振有詞地對她說：「媽，妳信佛教，我有干涉過妳嗎？我有因為自己上教會做禮拜，叫妳不要再去廟裡拜拜嗎？但為什麼妳卻一直叫我不要再去教會？我要信什麼教是我的選擇。就算妳是我媽媽，也無權干涉我的宗教信仰。」

那是我二十歲時發生的事。母親是日治時期出生，經歷過韓戰爆發，走過政權動盪不安時代的人。在政局不穩的年代，我出生後不到三個月，身為教師的父親就因意外過世。母親終其一生都活在不安和恐懼中。

母親需要心靈上的依靠，而她寄託的對象是佛祖。雖然信奉佛祖，但心裡還是很不安，老是擔心孩子出事，才會一直對我們緊迫盯人，經常嘮叨不停。我因為受不了母親的喋喋不休，決定直接攤牌，和她講道理，這是我保護自己的方式。換句話說，我其實是因為生媽媽的氣，想直接跟她把話講明。因此當我生氣時，就習慣跟對方講道理，用這樣的方式讓對方無話可說。

生氣，讓我錯過許多事。在憤怒狀態下，我習慣講話就事論事，不知不覺忘了該怎麼說話口氣柔和、話語溫暖人心。與人談話時不帶情緒，總是就事論事只講道理。

我曾思考過自己為何當初會念數學系（正確來說應該是「數學教育系」），當然，一開始也有現實因素的考量。畢竟念數學系，應用層面廣泛，畢業後找工作較容易。除此之外，另一方面也是認為自己凡事講求對錯分明，念數學系或許很適合我。因為不想聽到母親嘮叨，就用講道理的方式跟她溝通，久了自己也習慣這樣的模式，才會選擇念數

學系。但在我內心深處，還是希望自己能成為說話溫柔、溫暖人心的人。

生氣的人只會看見缺點

愛生氣的人其實一點也不講理。因為生氣時，會認為自己是對的，別人是錯的，想找出對方的缺點，希望對方改變。換句話說，他們眼裡只看見對方的缺點，看不見對方的優點，也不想理解為什麼對方會那麼做。

處於憤怒狀態的人，要看見對方的缺點，才會安心。因為如果不這麼做，就會變成是自己的錯，這會讓他們感到不安。因此，他們喜歡和比自己弱的人在一起，因為比自己厲害的人，看起來太完美，難以親近。所謂比自己弱的人，是指邏輯力或論述能力較差，同時也是比較感性的人。

比較感性的人一開始會喜歡說話條理分明的人，原因在於對方補足了自己不足的地方。當愛生氣的人開始道講理時，他們會欣賞對方的邏輯分析力，而這樣的欣賞，讓愛生氣的人感到自豪，覺得自己被認同，兩人因此陷入愛河。

但結婚後，情況就不同了。感性的人，希望自己的感受可以被理解；但理性的人，比起同理對方的感受，他們更在乎是非對錯，喜歡指責別人，因此會不斷批評對方，變成自己原本討厭的樣子。另一方面，感性的人因為自己的感受沒有被同理，就會發脾氣或說一些帶情緒的話。這對理性的人來說是大忌，認為對方不講理。

陷入「非A即B」的認知扭曲

人類是矛盾的綜合體，有時想要那樣，有時想要這樣。如果只靠邏輯理性解決衝突，是行不通的，不管再努力，也解決不了所有問題，只會越弄越糟。

要克服人類的矛盾，必須要有穩定的情緒。所謂穩定的情緒是指自在、充滿自信的狀態。在這樣的情緒狀態下，人們可以包容自己和他人不足的地方和弱點。即使發生衝突或矛盾，不一定要立刻解決，也能和平共處。

父母對子女的愛是最好的例子。父母雖然看不慣子女許多地方，但還是願意包容和接納。以包容為愛的基礎，讓孩子們得以發展自己的人格特質。倘若缺乏愛與包容，人們與生俱來的特質無法自由發揮。換句話說，願意接納彼此的差異性，才能讓每個人充分展現自己的特質。

然而，內心脆弱的人很難接納差異衝突。生氣的人為了證明自己是對的，會衍生出許多論點。但這種狀況本身已經是矛盾的，因為在憤怒的負面情緒狀態下，無法客觀陳述事實。不過，生氣的人往往沒有意識到這點，原因在於憤怒的情緒，會導致認知能力受限。

在諮商時，曾遇到許多個案也陷入這樣的矛盾中。像K先生也是如此。

K先生覺得自己小時候受到父母壓迫，內心感到委屈不平，對父母有許多埋怨。為了不重蹈父母親覆轍，他做了很多努力，不像父母一樣情緒用事，刻意壓抑自己的情緒，讓自己保持理性、冷靜。但太太卻因為他的冷漠而生氣，孩子們也說跟父親相處很有壓力，不想跟父親待在一起。面對孩子們無禮的頂撞，他的內心充滿混亂。

「我覺得很委屈，我父親動不動就發脾氣，對我做出很多過分的事。所以我才下定決心，絕對不要像父親那樣，尤其是對孩子或身邊親近的人。但為什麼家人卻說我讓他們很痛苦？」

K先生完全無法理解為何會這樣，明明他這麼努力，不讓自己表現出憤怒或負面情緒。

雖然他的出發點是不想跟父親一樣，因為發脾氣傷害到別人，卻好像適得其反。

K先生拚命壓抑自己的情緒，活得像是沒有情緒的人，即使生氣也是用講道理的方式。他覺得自己說話很有邏輯，凡事就事論事，但從他的話裡感受不到任何情緒。K先生的孩子們，雖然在理性教育下長大，在家裡卻感受不到樂趣和熱情，也感受不到溫暖。孩子們無法從父親身上感受到穩定的情緒流動，因此稍微受到一點刺激，很容易動怒生氣，導致人際關係受阻，在學校也適應不良。

在情緒脆弱的狀態下，單憑邏輯思考，會讓認知受限，無法有正確的認知。就像K先生過度理性，卻忽略了人與人之間的情感交流。因為他陷入了二分法的認知扭曲，認為愛生氣的父親是錯的，理性溝通的自己是對的，導致他無法看見事實的全貌。憤怒的情緒，造成不同對立的成見和思考僵化。

如果是小時候做錯事，被父母大罵一頓的人，從小在心裡會種下憤怒的種子。雖然知道自己也有錯，但也會對父母心生埋怨。經常被父母責備的孩子，長大後會理所當然地認為「孩子應該聽父母的話」，如果孩子不聽話就會生氣，覺得自己小時候就算再委屈，也不敢跟父母頂嘴，看到子女叛逆頂撞，更是容易火冒三丈。

而女生如果從小看到父親不會賺錢，母親必須辛苦養家時，會根深蒂固地認為「男人必須要會賺錢才行」，因此長大結婚後，如果老公沒有按時給生活費，就會抱怨老公：「連家人都養不活，真是沒用的男人！」對老公大發脾氣。

在很會煮飯、愛乾淨的母親底下長大的兒子，對太太發脾氣時會說出：「女人就應該會做飯，不會做飯算什麼女人！」這樣的論調。

他們的論述是基於憤怒的情緒。藉由指責對方的錯誤，合理化自己的憤怒。無論對方怎麼解釋，在他們聽來都是狡辯，導致對話無法進行，關係因此疏離。

「我是對的」的想法，認為很多事是「理所當然」的，掉進「應該要」的思維裡。例如：學生「應該要」認真念書、女生「應該要」溫柔……諸如此類的想法。

然而，這套「理所當然」標準並不是每個人都適用，但生氣的人會堅持自己是對的，無法接受別人不同的想法。

「我對你錯」的二分法陷阱

如果長期壓抑怒氣，無法表達出來，委屈的情緒也會油然而生。委屈的情緒，是指憤怒中帶著悲傷的感受。

憤怒，是當心裡急於完成某件事時出現的感受。悲傷，是當覺得自己做不到某件事時出現的感受。兩者是相互矛盾的。一種是急於立刻完成，一種是認為自己無法做到。當既生氣又難過這兩種情緒同時出現時，就會產生委屈的感受。

M小姐因為婆婆動不動打電話給她，口氣像主管命令屬下做事一樣，讓她很痛苦。就連洗碗洗到一半，接到婆婆打來的電話，也必須花幾十分鐘，乖乖聽她訓話。婆婆訓完話後，又會接著說：「聽懂了沒？以後不要再犯同樣的錯，照我說的去做就對了！」說完，就直接掛上電話。

每次和婆婆講完電話，她總是很生氣，卻對自己的無能為力感到難過，也曾經為此大哭過。「我不知道自己到底做錯了什麼，為什麼婆婆老是罵我？她對二弟媳、三弟媳都不會這樣，就只會針對我。跟老公抱怨，老公還會反過來凶我。我只希望婆婆不要再沒事打電話給我，動不動就跑到家裡來。」M小姐委屈地說。

M小姐心裡主要有兩種情緒，一種是憤怒，一種是悲傷。她氣婆婆故意針對她，不喜歡婆婆一聲不響跑來家裡，也討厭她三不五時打電話罵人。但她無法直接對婆婆表達心中的憤怒，就算對老公抱怨，老公也是裝作沒聽到，甚至還會發脾氣。除了氣婆婆，也對老公很生氣。

另一種情緒是悲傷，沒有人知道她在生氣，讓她感到很難過。即使對老公生氣，也不被允許。怒氣無處宣洩，只能壓抑在心裡。越是憋在心裡，越覺得自己可悲。因此M小姐經常以淚洗面，既生氣又難過，內心滿是委屈。

內心委屈的人，是被動消極的，心裡有很多埋怨。埋怨，是憤怒中帶著渴望。因為無法得到內心想要的，會感到難過。但他們不會自己主動想辦法解決，而是希望別人替他們解決，所以會找人抱怨。

M小姐是我的個案之一。諮商時，她抱怨和她結婚五年的老公，總是不願意跟她溝通，讓她覺得很痛苦。每次想跟老公說些什麼，老公總會怒吼：「閉嘴！開口就抱怨，煩不煩啊妳！」心裡雖然氣歸氣，但怕老公跟她離婚，也不敢跟老公起衝突。老公出門上班後，她常一個人在家裡難過痛哭。

我問她想解決什麼問題？她說，她希望可以擺脫這樣的狀況。然後又開始抱怨婆婆的事，抱怨婆婆經常罵她，卻不給她開口解釋的機會，只想強調自己是對的，她覺得自己很委屈。於是我又問她，希望從我這裡獲得什麼協助？她回我同樣的答案，希望可以擺脫這樣的狀況。

接下來，這次抱怨的對象是她的娘家父母。她抱怨父母偏心，眼裡只有哥哥，自己總是被冷落。本來以為自己只要乖乖聽話，父母就會對她稍微好一點，但父母只會拚命使喚她，一點也不愛她。

我又問她同樣的問題，跟我說父母的事情，是希望從我這獲得什麼協助？她哭著說自己很委屈，覺得一切也太不公平。我充分理解她的心情，並試著安撫她的情緒。

她是非常依賴的人，依賴的人只想把問題丟給別人，希望有人可以救自己脫離苦海，卻從來不去思考，自己應該怎麼做？為什麼會覺得委屈？焦點總是擺在別人身上，不曾向內反思。認為是別人害自己這麼委屈，又希望有人可以幫助自己擺脫這種感受。

委屈的人會有一種受害者心態。如果想徹底擺脫這種感受，必須要站在不同的角度觀察自己的狀況，去思考為什麼對方會有這種想法？對方會這麼做也一定有理由。了解原因後，自己有錯就改過來，如果是對方的錯，也要坦白告訴對方。不過，指出別人需要改進的地方時，要小心說話的口氣和態度，尤其是對像婆婆這樣的長輩，更要謹慎。

聖經上也提到，要指正別人的錯誤時，必須具備兩種條件，一是保持敏銳的洞察力，二是溫柔的態度。第一，保持敏銳的洞察力，是指要覺察自己為什麼想糾正對方？動機是什麼？是否立意良善？以M小姐和婆婆的關係為例，要思考這麼做的目的，是希望讓自己心裡好過？還是希望家庭和樂？必須釐清背後的出發點。

第二，保持內心平靜和溫柔的態度，才能做出正確的判斷，而不會偏袒某一方。因為自認委屈的人，通常會認為自己是對的，忽略對方立場或狀況。於是，會落入「我是對的，你是錯的」這種二分法的陷阱。因此，要指正別人時，要先讓心靜下來，仔細觀察後再判斷。不能是為了自己糾正對方，而是出於為對方著想，提出對方需要改善的點。如果不這麼做，只會引起對方反彈。

焦慮／擔心發生不好的事

總把焦點放在負面事物

先前也有提過，人類從出生的那一刻起就會感到焦慮。雖然獲得母親溫暖的照顧時，焦慮的情緒會減緩，但如果無法獲得充分的安全感，會加深分離時的焦慮感。尤其當父母吵架時，焦慮感會變得更嚴重。

內心不安的孩子，會變得很敏感。即使遇到同樣的狀況，他們通常不會往好的方向想，而是把焦點放在不好的事情上。與人相處時，也總是先看到別人的黑暗面。

舉例來說，容易焦慮的人看到愛生氣的人，會認為對方攻擊性很強，對他們產生戒心。因為擔心對方不知道何時會爆炸，總是小心翼翼地和對方相處。但這種疏離的態度，反而更容易激怒對方。到最後他們內心擔憂的事，往往會成真。

反之，不容易焦慮的人，就算同樣遇到愛生氣的人，會認為他們是充滿活力、熱情的人，會看到他們好的一面。其實，愛生氣的人這兩種面向都有，問題在於看哪一面。焦慮的人即使看到同樣的事，也會專注在事情的黑暗面。

三種類型的焦慮反應

人類從出生後發展出各種方法對抗焦慮，像是壓抑、逃避等防禦機制。例如，產生負面情緒時會不自覺想逃避，想把這些不好的感受壓抑在心裡，這就是所謂的「心理防禦機制」。本想對媽媽發脾氣的孩子，擔心表達生氣的感受，會破壞媽媽和自己的關係，內心充滿擔憂和恐懼。於是變得不敢隨便發脾氣，藉此和媽媽維持穩定的關係。

除了心理防禦機制，另一種應對焦慮的方式是「社會角色的扮演」。當人們感到不安時，為了存活下去，會想要扮演一定的角色。因為這麼做會讓他們成為家裡或社會上需要的人。扮演的角色朝兩種方向，第一種是，當家裡發生問題時，會積極介入處理，設法解決問題，在家中扮演救世主的角色。另一種是，當家裡出狀況時會想要逃避，把重心擺在工作上，出現工作狂的傾向。

◆救世主：必須化解所有衝突！

救世主是會為了解決家裡的問題，奮不顧身跳下去處理的人。他們一遇到問題，或覺得快要出狀況時，會感到焦慮，無法坐視不管。他們會想要做些什麼，對抗內心的不安。

B小姐因為婚姻亮紅燈，踏進諮商室尋求協助。一直以來，她怕破壞夫妻關係，就算不開心，也從來不曾表現出來，但後來她才發現，老公並不喜歡這樣的她。不只是老公，就連她費盡苦心養大的孩子，進入青春期後開始叛逆，一句話也不跟她說。她為了這個家犧牲奉獻，到最後卻沒有人想待在她身邊。B小姐覺得自己像是被背叛了，心裡很委屈，因而罹患憂鬱症。

B小姐是救世主類型的人，從小經常目睹父母吵架。尤其是那一天，讓她印象特別深刻。

「那是我六歲時候的事，那天我跟妹妹在房裡玩，突然聽到客廳傳來吵架聲。爸爸不知道做錯什麼事，媽媽念了他一頓，結果爸爸受不了吼回去。我跟妹妹很害怕，不知該如何是好。妹妹開始哭了起來，我則是衝到客廳，試圖阻止他們。我站在他們兩人中間看著爸媽，對他們說：『你們幹嘛這樣啊？』說完，爸爸才冷靜下來，嘆了口氣回到房裡。我跟媽媽說我很害怕，向她討抱抱，媽媽卻把我推開。那一刻，我覺得自己好像做錯事一樣。從那之後，我很怕他們吵架，只要他們快要吵起來，就會想辦法趕快阻止。」

B小姐因為害怕父母吵架，在家裡扮演起救世主的角色。因為擔心父母吵起來，會觀察他們的一舉一動，過度干涉父母的事。習慣這樣的模式後，結婚後她也用同樣的方式對待丈夫和兒子。

老公受不了這樣的她，慢慢變得疏遠。兒子也因為媽媽的過度干涉，開始叛逆反抗，在學校也適應不良。B小姐沒有意識到自己的行為，對老公和兒子造成困擾，影響他們的獨立自主性。

救世主類型的人，光從他們的行為來看，會覺得他們像是利他主義者，但事實上，他們是自我中心主義者。看似利他的行為背後，是出於內心的不安和恐懼。當別人說沒關係時，他們通常不大相信，會覺得對方只是嘴上說說而已，並不是真的沒事。擅自揣測對方的想法，認為自己是對的。沒問過對方的意見，就自以為是的幫忙，反而引起對方反感。

例如，兒子落選自治會會長選舉時，媽媽覺得兒子一定很難過，開始安慰勸說。

「心裡一定很難受吧？帶朋友來家裡玩，媽媽煮好吃的東西給你們吃。」

「我沒事，我在家看電視就好。」

「難過的時候，和朋友一起吃美食最有效了！快點打電話給你的朋友，叫他們來家裡吧！」

「我真的沒事，我想自己一個人看電視休息。」

「這樣不行啦！心情不好時，最好不要一個人待著。媽媽準備你們最愛吃的雞排，為了讓我兒子心情好起來，媽媽請客！」

「我不是說了我想看電視，妳可以不要管我嗎？」

當孩子生氣或不耐煩時，認為孩子心裡一定很難過，對孩子更加關注。但這麼做，反而讓孩子很困擾。明明已經說了自己沒事，但媽媽卻不這麼認為，會讓孩子對自己的情緒感到混淆，也無法對媽媽生氣。因為會覺得媽媽是為了自己才會這麼做，不應該對媽媽發脾氣。

因此孩子就算生氣或不耐煩，也無法明確表達出來，情緒沒有好好被消化。這種狀態持續久了，孩子的情緒會變得不穩定，會出現反抗行為，或過度順從。

救世主類型的人，希望世界沒有任何衝突，但這種想法本身就是有問題的。世界上隨時都會有問題發生，有些問題難以解決。然而，他們擔心如果坐視不管，會引起更大的禍端，無論如何都想設法解決，結果卻讓事情變得更糟。但他們並沒有意識到這點，甚至不認為是自己的錯，即使錯了也會找藉口辯解。

「我並不是這個意思，不知道為什麼會變這樣？」

用這樣的說法推卸責任，好像問題不在自己身上，跟自己無關。因為救世主類型的人，無法坦承自己的問題。

◆工作狂：習慣逃避的人

面對焦慮時，另一種處理方式是埋頭工作。事實上有工作狂傾向的人，內心都藏有焦慮和恐懼，他們不願意面對內在的感受，用工作來逃避。

很多人陷入焦慮時，會搖頭否認，甚至安慰自己：「這沒什麼好擔心的！」這其實也是一種逃避。雖然可以藉此暫時緩解焦慮，但當焦慮感加劇時，會希望可以一直逃避下去。

這時候，工作就是很好的逃避手段。

工作不會像人一樣反抗或生氣，即使成天埋首工作，工作也不會有任何意見。再加上認真工作時，會得到他人的肯定和稱讚，也可以獲得成就感。

Y先生是一位三十多歲的上班族，被太太逼來諮商。太太威脅他如果不來諮商，就要和他離婚。無可奈何之下，他只好硬著頭皮踏進諮商室。太太抱怨老公整天忙於工作，家裡的事都不管，甚至連夫妻關係也無心經營。

我試著了解這對夫妻的相處模式，以他們發生爭執時，處理的方式來看，太太偏向是遇到問題就想解決的救世主類型，先生則是習慣逃避的工作狂。

Y先生在諮商過程中，坦承自己很怕太太，只要一發生衝突，他就束手無策。遇到這種狀況時，把注意力放在工作上，會讓他心裡稍微好受一些。太太聽完先生的話後，感到很訝異，她不知道先生原來會怕她。

當夫妻發生爭執時，先生們往往會放棄走困難的路，而是走比較好走的路，把自己埋進工作裡。

有工作狂傾向的人，他們習慣逃避，認為能躲就躲，以後的事以後再說。

然而，如果真的想解決焦慮問題，必須先聆聽自己內在的聲音，為何會感到不安？這麼做需要勇氣，有時也必須承認自己也有做不到的事情。

不過習慣逃避的人，不願意面對內在焦慮的感受，想急著抓住什麼，讓他們可以暫時逃避，因此選擇埋首工作。

雖然逃避這條路，看起來比較容易，但之後可能還是會碰到更困難的路。如果老是想逃避，到最後可能會失去自己，把自己的人生搞砸了。

邊緣人症狀

救世主或工作狂，都會出現邊緣人症狀。工作狂跟身邊的人總是有疏離感，比起和人相處，把自己埋進工作裡，會讓他們更自在。除了談論工作的事，聊天時，不大會聊個人的想法或感受。

救世主總是認為別人有問題，想透過解決問題，與人產生連結，證明自己的存在感。他們的生活重心，是為了幫助別人解決問題，如果不這麼做，會讓他們失去存在的價值，在別人面前顯得畏縮膽怯，覺得自己格格不入。

每個人都渴望獲得別人認同，希望自己被看見，這是人類與生俱來的自戀傾向。但救世主或工作狂類型的人，在這塊需求沒有被滿足到。

當自戀需求未被滿足時，會覺得自己像是邊緣人或異類，就好像是滿心歡喜參加聚會，卻沒有人歡迎自己。在這樣的狀況下，會覺得自己似乎不該來參加聚會，心裡很不舒服也很尷尬，顯得不知所措。

救世主或工作狂類型的人，經常出現這種感受。為了消除這種陌生、彆扭的感受，才會想透過解決問題或努力工作的方式，證明自己的價值。

孤單／沒有人喜歡我

陷入偏執或憂鬱

人類靠彼此互相依賴，才得以存活。當可以和別人分享喜悅、悲傷和恐懼時，會感受到親密感和歸屬感，反之，則會陷入孤獨。經常覺得孤單的人，容易自我否定，認為自己沒有存在價值，沒有人喜歡自己。

長時間被父母忽略的孩子會根深蒂固地認為，世界上沒有人喜歡自己。即使出現喜歡自己的人，也會懷疑對方的動機。覺得對方只是表面上的舉動，內心並非如此。

因此，當有人喜歡自己時，會想要對方證明，希望對方把自己擺在第一順位，對自己言聽計從，為此陷入執著或憂鬱。

執著，是希望把對方變成自己想要的樣子。執著的人，佔有慾很強，想要的就一定要得到。當心裡越是孤單時，他們會出現偏執傾向，經常懷疑別人，對人產生不信任感。

當在乎的人離開時，很難接受事實。因為這會讓他們更確定，真的沒有人喜歡自己，覺得自己沒有價值。他們害怕面對這樣的感覺，怕別人離開自己，總是患得患失。心裡越不安，越想緊抓著對方。

憂鬱，是在幻想中追求內心想要的東西時會出現的感受。執著的人採取行動派做法，憂鬱的人則不同，習慣想很多，但只是空有想法，並未付諸行動。

當他們有喜歡的人出現時，渴望和對方過著神仙眷侶般的生活，希望對方走進自己的幻想世界，完成心中的夢想。然而，對方可能根本沒有走進來，或是進來後，和自己想像差異過大，讓他們感到挫折。他們根本沒有問對方，也沒和對方確認，只是自己胡思亂想，因此陷入憂鬱。

這些人不擅於與人交流，活在自己幻想世界中的他們，在現實生活中經常受挫。到最後甚至會覺得「沒有人喜歡我」，不斷否定自己。

一對夫妻經常發生衝突。結婚後，每次吃飯時都會為了喝湯這件事吵架。太太費盡心思熬煮的湯，先生總是沒喝完。太太覺得先生一定是不愛自己，才會沒把湯喝完，對先生發脾氣。先生因為太太生氣，也忍不住動怒，兩人因此爭吵不休。

太太認為自己用心熬煮的湯，先生應該要喝完。但先生沒有這麼做，像是在嫌她湯煮得不好喝，讓她心裡很不舒服，甚至覺得自己被否定了，為此忿忿不平。我問先生，太太煮得湯好喝嗎？先生點頭稱是。於是，我又問太太。

「妳知道先生為什麼喝湯時，總是剩下金針菇和蘿蔔嗎？妳有問過他為什麼嗎？」

被我這麼一問，太太突然愣住，直盯著我看。過了一會，才說她自己從沒來沒問過。接著，我問先生。

「可以請問你喝湯時，為什麼會剩下金針菇和蘿蔔嗎？」

「因為金針菇會卡牙縫，蘿蔔我雖然愛吃，但湯裡的蘿蔔燉得太爛了，我比較喜歡吃有口感的。」

「這件事你有對太太說過嗎？」

「說過兩三次了。」

我又問太太。

「妳有聽先生提過這些事嗎？」

「沒有，從來沒聽過。」

我看到太太一臉茫然的表情，她屬於做事認真型的人，就連煮湯也不例外。不管做什麼都很用心，希望做到最好，覺得老公和孩子們也應該要這樣才對。她沒意識到，自己對老公和孩子的控制欲太強。因為她只在乎自己的想法，根本沒有察覺到家人的感受。

「聽完先生的話後，妳有什麼感覺？」

「我從來沒想過，先生不吃金針菇和蘿蔔，原來是有原因的。我還以為他不喜歡我，嫌我煮的湯不好喝，所以拚命想把湯煮得更好喝。」

「妳從什麼時候開始，總是希望把每件事做到最好？」

「我從小就這樣，因為爸爸不喜歡我做事半調子，有時甚至會因此大發雷霆。爸爸還說，如果我不夠認真，就不能跟他住在一起。」

提到和父親之間的事時，她哭得很傷心。她才恍然大悟，自己會這麼拚命認真，是因為害怕被父親遺棄。擔心自己不夠努力，得不到父親肯定，會被父親丟下。

她把這層恐懼投射到老公身上。下意識認為老公把湯喝完，是對自己努力的肯定，才會這麼在乎老公有沒有把湯喝完。

但先生每次喝湯總是剩下金針菇和蘿蔔這件事，像是在告訴太太：「妳煮的湯不好喝。」讓太太覺得自己做得不夠好，於是更用心熬湯。然而不管再怎麼努力，先生依舊沒把湯喝完，她才會惱羞成怒。

這位太太跟貞瑩一樣，試圖藉由別人的肯定，讓自己擺脫孤單。認為老公把湯喝完，才是愛自己的表現，因此才會對這件事特別執著。

活在別人的目光裡

不成熟的父母，會利用孩子滿足自己的情感需求，這樣的現象稱為「情緒勒索」。孩子們害怕失去父母的愛，會為了父母而活。當父母沒有辦法發揮父母的角色與功能，他們必須學會獨立，有時甚至需要擔任父母的「情緒伴侶」，當父母的情緒出口，撫慰父母親的情緒。這樣的孩子被稱作是「小大人」。

這些「小大人」們其實都是情緒的奴隸。父母的情緒狀態不穩，造成孩子內心的不安，從小就懂得察言觀色，盡可能取悅父母。因為唯有這樣，才能免於挨罵或被遺棄的命運。

即使長大成人，他們也似乎總是活在別人的眼光下，渴望獲得他人的讚美或認同。一個人獨處時，會感到很孤單，因此總是想緊抓著別人不放。他們很懂得如何掌控別人，像是物質攻勢、撒嬌、浮誇的讚美等，這些行為有時並非出於真心。此外，他們的情緒也特別敏感，容易被激怒，出現許多無理取鬧的行為。

一旦成為情緒的奴隸，就失去了人生的自主權。為了滿足父母的需求，無法隨心所欲做自己想做的事。因此長大後的他們經常被情緒左右，看起來反而像是「長不大的孩子」。

長不大的孩子，外表雖然是大人，內

在卻像個小孩。他們從小過於壓抑，長大後變得容易動怒，情緒不穩定，無意識承襲了父母的情緒，變成跟父母一樣的大人。

P小姐從小在父母的爭吵中長大，父母關係惡劣，即使同住在一個屋簷下，彼此卻互不交談，她成了父母間的傳聲筒。爸爸想吃飯時，會叫P去告訴媽媽；媽媽有事要找爸爸商量時，也會透過P傳話。要不是有P在，父母根本無法一起生活。

P受不了這樣的生活，想結婚擺脫父母。但這樣的想法讓她陷入自責，覺得自己好像很自私、很糟糕。因為如果她結婚離開家裡，爸媽一定會離婚，雖然想結婚，卻無法這麼做，讓她感到很無奈，無力感越來越重，和男友的關係也日漸疏離。內心飽受煎熬的她，來找我諮商。

她從小沒有安全感，總是充滿不安和恐懼。每當父母吵架時，她會覺得是自己不好，才會害他們起衝突。事實上，只要父母一吵架，經常會罵P出氣。

「媽媽只要和爸爸吵架，就會罵我。」

「她是怎麼罵妳的？」

「像是妳這個掃把精、都是妳害我失去自由、要不是因為妳，我早就可以離開妳爸爸了、我到底上輩子欠了妳什麼、我一點也不想看到妳、看看妳做的好事、妳這副德性跟妳爸一樣、妳煩不煩啊、我怎麼會生出妳這種女兒……諸如此類的話。」

「妳小時候有做錯什麼事嗎？」

「嗯……我不知道我到底做錯了什麼，可能是我常常犯錯吧。對了！爸爸常常忘東忘西，經常上班出門後，又回家拿東西，我也會這樣。每次這種時候，她會罵我跟爸爸一副模樣，兩個人一起罵。」

「妳自己怎麼看待忘記東西這件事？覺得那是不對的嗎？」

「媽媽如果沒有幫小孩準備，小孩當然有可能會忘記。這並不是什麼大錯，媽媽太過分了！」

P小姐說完後，想到媽媽對自己的種種行徑，感到既委屈又生氣。P在我面前，痛罵了媽媽一頓，等她心情稍微平復後，我問她。

「妳為什麼要替爸媽承擔責任？」

「什麼意思？我沒有替他們承擔責任啊……我只是想阻止他們吵架，不希望他們起衝突。」

「妳拖延結婚，不就是為了他們嗎？」

「是這樣沒錯，如果我結婚，爸媽他們就無法一起生活。這麼看來，我的確是在幫他們承擔責任。」

P這時候才發現，自己原來一直在背負爸媽的責任，無法脫離「小大人」的角色。現在，該是她找回自己人生的時候。父母有他們的人生，她也有自己的人生。她不再替爸媽承擔責任，決定以女兒的身分，過自己的生活，才終於擺脫無力感。

看似獨立，反而是依賴

在父母的忽略下，獨自長大的孩子，無法獲得適當的照顧，凡事都得靠自己。孩子們渴望得到父母的讚美和認同，會力求表現。比起自己感興趣或想做的事，他們會先設法滿足父母的期待。在這種狀況下，不管做什麼都會有壓力。

例如，孩子學校出了一道功課，要他們讀完十頁的書，並寫下書摘。這類型的孩子，不會在乎自己是否真的讀懂書裡的內容，只想著要趕快讀完十頁，完成書摘報告。因為只有把功課寫完，才能獲得肯定。即使對內容一知半解，也硬是抄一抄就結束。這樣的孩子長大後，做事情也很容易敷衍了事，只是形式上完成而已。

另一方面，也可能出現偏執現象。像是為了獲得父母的認同，拚命認真讀書。長大後，也很容易變成工作狂，因為這樣才能有好的表現。但像這樣拚命工作，雖然可以把工作做得好，卻會失去創意。

無論是交差了事，或是有工作狂傾向的人，不管做任何事，目的是為了擺脫心理上的壓力，不懂得讓自己樂在其中，讓他們的人生被工作綁架。

到最後，不是人支配工作，而是被工作支配。覺得自己被工作壓垮，活得很辛苦。如果不工作，就無法獲得肯定，把自己和工作劃上等號。如果別人不肯定自己，會感到絕望，甚至失去生活的動力。

像這樣被工作綁架的人，情感變得麻木。因為壓抑孤單的感受，只專注在工作上，無暇感受情緒的流動。他們聽不見自己內在的聲音，即使聽到了，也束手無策。於是，內心的孤單和空虛感加劇，覺得自己很渺小，越想控制一切，一切越不受控，深怕一不小心，就會跌入萬丈深淵，焦慮、恐懼等各種負面情緒湧上心頭。

他們雖然看起來很獨立，會把自己的事情做好，但就情感上而言，這些人一點也不獨立，反而很依賴。如果沒有依賴對象時，他們會把重心擺在工作上，出現工作狂傾向，或是稍微遇到挫折，瞬間就被擊垮。

許多人都有這樣的問題。事實上，工作狂這句話本身，暗示了對工作的依賴，而非獨立的人。這些人堅強的外表下，藏著不安的偽裝。

R小姐在戀愛時，隨著約會次數變多，卻常因此卡關，因而前來尋求諮商。她說，她很害怕自己太黏男友，越依賴對方，越怕失去他。

R小姐的父母都是牧師，由於教會工作繁忙，她經常獨自在家。從小父母常對她說：「妳自己看著辦！」

「我從小經常一個人在家，國小時開始學會打理自己，上國、高中後，不管是念書，還是升學決定，都是我自己看著辦，沒有人可以問。即使和朋友鬧得不愉快，或是學習遇到瓶頸，都得自己想辦法解決。」

因此，大家經常誇R很獨立，像個小大人一樣，她自己也這麼認為。

但和男友交往一段時間後，在這段關係中，她看見了不成熟的自己。原以為自己很獨立，但當她打開心房，開始依賴男友後，她對男友過度的依賴，甚至讓男友招架不住。原本凡事都得靠自己的她，突然出現可以依靠的對象，偽裝的獨立被擊垮，暴露出面具底下隱藏的依賴性格。

以同情之名，行控制之實

內心孤單和憂鬱的人，與別人相處時，很容易升起同情心。尤其是憂鬱的人，更是容易同情心氾濫。憂鬱的人認為自己很悲慘、很糟糕，對任何事都忿忿不平。

一味沉浸在負面感受中，會活得很辛苦，因此憂鬱的人也特別容易升起同情心。相較之下，同情心是一種正面感受，可以藉此掩飾其他負面感受。利用為他人挺身而出的正義感，隱藏自己不好的一面；透過同情別人的方式，讓自己產生優越感。

同情心氾濫的人，習慣用二分法區分，誰是受害者、誰是加害者。既同情受害者，也對加害者的行為感到氣憤。

他們認為這種憤怒是合理的，有時也會毫不猶豫地指責對方。但當他們覺得自己是受害者時，會陷入自怨自艾中，不斷自我安慰。

當落入悲天憫人的漩渦時，會把一切想得太過美好，希望世界上不再有受害者出現，每個人都是親切、善良的，沒有痛苦或悲傷。但這些想法只是幻想，也會讓自己暫時陷入錯覺。當他們發現現實並非如此時，會感到沮喪。也很容易悲從中來，因為他們幻想的世界，與現實不符。

容易悲天憫人的人，不喜歡跟樂觀正面的人在一起。因為和他們在相處時，會覺得自己太負面，跟他們格格不入，像是把自己的弱點攤在陽光下。

相反的，他們跟比自己可憐的人相處時比較自在。他們會以幫助者的角色自居，有時也會挺身而出，替他們出頭教訓加害者，這樣的關係稱為「控制型依賴」。

當他們在關係中處於優勢時，會以同情憐憫的方式，和他人形成「控制型依賴關係」；反之，則以弱者的姿態出現，形成「順從型依賴關係」。

習慣展現同情之姿的人，和強勢方相處時，會覺得自己是受害者，對方是加害者。不會去思考自己是否有錯，認為都是對方的問題，加害者成了眾矢之的，以道德綁架的方式控制對方。

不過，當弱勢方試圖拿回主導權時，會讓他們失去依賴，因為控制型依賴，也是一種依賴。即使對方表示不再需要幫忙，他們也會想辦法維持這種依賴關係。

表面上站在助人的立場，但其實是在妨礙對方的自律性。雖然一開始關係良好，但時間久了，不管是控制型或順從型依賴的人，都會面臨問題。

S小姐因為憂鬱症狀加劇，前來找我進行諮商。她的問題主要是和兒子間的衝突，兒子進入高年級後，開始喜歡和朋友玩，回家時間變得越來晚。S對這點很不滿，經常對兒子發脾氣，生完氣後又會覺得很難過。我試著了解S小姐對兒子晚歸這件事生氣的原因。

她跟先生的關係不是很好。先生是公司的老闆，忙於經營公司，幾乎無暇照顧家裡。就連在家裡，也是扮演掌權者角色，動不動就大小聲或發脾氣。

S很怕老公，無法跟他有任何互動，心裡很孤單。當年幼的兒子被老公大聲斥責或挨打時，更是讓她難以忍受，也曾為此和老公吵架。

S覺得兒子很可憐，為了保護兒子，她開始介入孩子的生活，干涉孩子的一舉一動。不管去哪裡都會帶著他；兒子獨自外出時，也會要他時刻打電話報備。兒子想要什麼，她會盡可能滿足。但兒子進入青春期後，變得經常晚歸，也不會主動打電話報備。

「兒子沒有打電話報備時，妳的心情如何？」

「我會擔心他是不是出了什麼事，如果他怎麼了，我也活不下去了，我這輩子只有他了。」

說完，S哭得很傷心，邊哭突然邊說起老公的事。她對老公的自以為是很生氣，氣老公總是瞧不起她。接著，話題又回到兒子身上，開始說著兒子有多可憐、多委屈。

我觀察到S的憐憫是一種控制。他們三人的關係，兒子是受害者，老公是加害者，S則是利用憐憫操控別人的控制者。

經過多次諮商後，S才終於意識到這種關係模式，讓她感到很訝異。

「醫生，我一開始只是想幫兒子，完全沒有想過，自己原來是用這樣的方式在控制兒子，我覺得很難過。」

S說完這句話後，又開始哭了起來。雖然知道兒子長大後，終究會離開自己的懷抱，但心裡還是很難接受，除了痛苦，也感到很空虛。她又回到內心空蕩蕩的感覺，覺得自己很可悲。但我能幫她的就只有這樣，剩下的必須靠她自己。

結束諮商後，幾個月過後，S又來找我。

「醫生，我最近好很多了，我找到自己想做的事，也交了許多朋友，原本投注在兒子身上的心力也少很多。不過，現在換我得承擔後果，兒子最近常對我發脾氣，跟我之前對他的方式一樣。我可以理解兒子的心情，雖然和老公還有很多問題要解決，但跟之前比起來，已經好太多了。」

和先生關係不好的太太，經常會利用這種方式控制孩子。藉由跟孩子的緊密連結，填補婚姻中的空虛和孤獨。在控制的關係中，也可以減少自我價值感低的感受。但這樣的關係，在孩子進入青春期後容易出現裂痕。

自卑感／你怎麼可以比我厲害

自卑是複雜的情緒

自卑感，英文是 Inferiority complex，complex 意思是「複雜的、綜合的」，意謂著自卑是一種複雜的情緒。

自卑的人會產生疏離、嫉妒、憤怒、羞愧、不自在、不安和恐懼等感受。各種情緒在內心翻攪，想法也變得複雜，難以釐清思緒。因為要釐清思緒，必須靠冷靜分析，但各種情感交雜糾結，很難保持內心平靜。

自卑的人往往閒不下來，想透過工作證明自己的價值。有時看起來像是工作狂，沒辦法好好休息。即使表面休息，也總是盯著身邊比自己優秀的人，心裡很不安。

自卑的人無法跟任何人建立真正親密的關係。因為跟別人深入交往時，對方會看見自己的優點和缺點，但在別人面前袒露自己，會讓自卑的人感到羞愧。

因此，他們不會在對方面前表達自己，而是以迎合討好的方式，與人建立關係。這麼做會讓對方覺得自己被重視而感到開心。尤其是單方面渴望被別人照顧，童年情感未被滿足的人，特別喜歡這種關係。

兩個人表面上看起來關係親密，一個喜歡照顧人，一個喜歡被照顧。但事實上，喜歡照顧別人的人，內心真實的想法是：「嗯！我做得很好。」對自卑的人而言，他們把這樣的關係當成是工作，像是在執行任務。

站在被照顧一方的立場而言，會覺得：「我是被愛的。」沉浸在被呵護的感覺中，沒有察覺到事實的真相。兩個人陷入假象的關係，彼此互相依賴。這樣的關係就好比海市蜃樓，隨時都有可能崩塌。

越自卑，越渴望強大

自卑的人，內心渴望變得強大，因為他們一直覺得自己比不上別人。

在競爭激烈的現代社會中，自卑的人不希望自己落於人後，總是戰戰兢兢地活著。覺得輸給別人很丟臉，輸了會感到很焦躁。為了贏過別人，有時也會不擇手段，試圖讓情況變得對自己有利。

但如果這種方法行不通，他們會惱羞成怒，和對方吵起來。無論如何都不想輸給別人，連吵架也非得吵贏不可。從原本的小爭執，最後演變成互不相讓的戰爭。

不久前，在我身上也發生類似的事。我各有兩個哥哥和姐姐，逢年過節時，雖然遇不到姐姐，但是會跟哥哥們聚在一塊。某次，和哥哥們聚在一起玩牌時，我們大吵一架。

和我吵架的人是我大哥。大哥比我大很多歲，從小就像我的靠山，對我照顧有加。但長大後才發現，大哥其實也有脆弱的一面。

玩牌時，大哥一直變更遊戲規則，一下這樣，一下那樣。我因為快輸了，忍不住發牢騷。

「一直變來變去，乾脆別玩了！」

聽到這句話後，大哥也立刻反擊，大聲怒斥我。

「我哪有變來變去！不想玩就說啊，幹嘛怪別人！」

兩個人你一句我一句，誰也不讓誰地吵了起來。原本開心的聚會，氣氛頓時降到冰點。

大哥的兒子看到這幅場景後，突然說了一句話，對我有如當頭棒喝。

「我本來以為只有爸爸會生氣，結果叔叔也一樣，看來這應該是家族遺傳吧！」

聽完這句話後，我開始回想我們家裡的過往。從小因為家境貧窮，生活困苦，我們兄弟其實很自卑。這份自卑感一直留在我們心底，從來沒有正視過。玩牌時，之所以不想輸給對方，也是出於自卑感。雖然理解背後的原因，但還是會感到難過。

我們都想證明自己比對方強。大哥利用訂定遊戲規則的方式，來表示自己的強大；我也是因為想贏過大哥，覺得自己快要輸了，才會和大哥起衝突。

到最後會生氣吵架，是因為都想贏過對方。輸了會惱羞成怒，是因為這樣一來，就無法證明自己比對方強。

貶低別人，證明自己

內心自卑的人，看到別人幸福美滿時會感到羨慕和嫉妒。因為自己內在的匱乏與自卑，看到別人有，自己也想要有。因此，自卑感經常伴隨著羨慕和嫉妒的感受。

充滿自卑感的人，不會挖掘自己的內在，覺得自己擁有的，根本不值一提。但因為看不見自己身上的美好，總想把別人擁有的，搶過來變成是自己的。用這樣的方式，證明自己比別人強。

自卑的人，內心充滿恐懼和不安，總是活得戰戰兢兢。無論是工作或與人相處，都難以樂在其中。因為他們的競爭意識太強，老是想贏過別人。

他們也常擔心自己落於人後，害怕競爭對手贏過自己，不敢懈怠放鬆。由於無法充分休息，工作專注度和效率也會降低。儘管如此，他們投入在工作的時間很長，在工作上還是有一定的成果表現。雖然這種工作方式，之後可能會遇到更大的阻礙，因為他們努力工作的目的是為了贏過別人。

曾經有一位名校學生來找我做諮商。這位學生的問題是因為「成績不如預期」。詢問過後，他的成績是三・八分。雖然已經是很高的分數，他卻因為分數沒有超過四・〇，內心飽受煎熬。

我試著了解他的學習方式。每次準備考試時，他怕自己忘記之前讀過的內容，會從頭再複習一遍，一再重複這樣的過程。因此，對他來說，準備考試是一件很累人的事。他已經這麼努力用功，卻還是得不到第一名，對他的打擊很大。他把那些功課比自己好的同學視為勁敵，認為自己如果想贏過他們，就得更認真念書。即使考上名校熱門科系，也還是無法擺脫內在的自卑感。

諮商過程中，我陪他一起找出自卑感來源。他的自卑感並不是同學造成的，而是他的父親。

從小，父親經常對他言語霸凌，言語中帶著輕視。「像你這副德性，怎麼可能贏得過別人？」、「別人這麼認真，你怎麼只有這樣？」、「再不好好念書，我看你之後就準備被社會淘汰了！」動不動就訓斥他。受到父親影響，他覺得自己不能輸給別人，輸了就一切都完了。他的自卑感，歸因於父親對他的言語暴力。而如今透過諮商的過程，療癒他內心的傷痛。

諮商結束後，他告訴我：「醫生，這是我第一次心裡這麼舒坦，覺得自己好像被釋放了，終於可以好好喘口氣。」

他終於鬆了一口氣，但我的心情卻是五味雜陳。不知道還有多少人像他一樣，在競爭中掙扎著，毀了自己的人生。

唯我獨尊：顯性自戀vs.隱性自戀

聚會裡，有人是主角，有人是配角。主角負責掌控氣氛，但有些人因為自卑感，在聚會時經常會感到不自在，無法成為聚會中的主角，只能是配角。

每個人都希望自己是主角，即使是配角，也會用盡各種方法，讓自己爬上主角的位置。成為主角主要有兩種方式，第一種是展現自己的權威，證明自己可以控制一切。這是一種顯性自戀，是自戀性人格障礙者典型的特徵。

這類型的人無法承受內在的自卑感，認為自己是與眾不同的，藉由誇耀自己的方式，凸顯自己的重要性。他們希望別人把他們捧在手心上，渴望獲得認同，難以忍受批評。

但時間久了，他們會開始瞧不起身邊的人，因為他們覺得只有自己最重要。經常和別人發生衝突，導致身邊的人一個個離開，朋友圈一換再換。

另一種人是在心裡默默瞧不起別人。這類型的人是隱性自戀者，內心覺得自己是特別的，也就是自我感覺良好。他們表面謙虛，與人相處圓融無礙，看起來也很和藹可親。但他們內心並非如此，經常在心裡批評別人。

他們表面謙遜，但私底下卻覺得別人不如自己，自己比別人更厲害。

過度的自卑感，造成這種不健康的自戀，認為全世界只有自己最重要，渴望透過金錢、名聲、地位來武裝自己。因為只有這麼做，別人才不會瞧不起自己。這也就是為什麼，自卑感強烈的人，對金錢、名聲、地位如此執著。

第四章

調適情緒的七堂課

調適情緒，需要練習

生活中會經歷許多負面感受。遇到不順心的事會生氣；被拒絕時會難過；對未來一無所知時會不安。這些負面情緒會讓心很累，甚至覺得很痛苦，只想躲得遠遠的。

我們最常用的方式，就是轉移注意力，像是找朋友聊天、大吃大喝、看電影、睡覺等，做一些無關緊要的事暫時逃避。

時間會沖淡情緒，有時這麼做是有效的。但這只是暫時有效，因為情緒沒有表達出來，是不可能會消失的。如果沒有處理好，這些負面情緒會累積在潛意識裡伺機而動，或是一發不可收拾。

我們是否曾拚命壓抑情緒，卻為了一些小事，一時衝動做出難以挽回的事，為此感到後悔？或是刻意忽視情緒，把心力集中在工作上，而感到莫名空虛？當我們感受到情緒時，如果懂得適時表達，情況是否會有所不同?這也就是為什麼，我們需要練習調適情緒。所謂調適情緒，就是不逃避負面情緒，正視內心的感受，自然而然地把情緒表達出來。這麼做並不容易，必須不斷練習。調適情緒的過程中，每個階段都有需要跨過的門檻。

在日常生活中感受到負面情緒時，走過這七堂課，學會調適情緒，就不容易被情緒綁架，能以輕鬆的心情面對事物，活得更自在。

第一課　觀察

不要逃避感受

要調適情緒，必須先認識情緒。了解自己現在的心情如何？為什麼會有這種感受？是第一步要做的事。

因此，敏銳觀察自己的感受，是這堂課最重要的練習目標。例如：生氣時，覺察自己的身體有什麼變化（心跳是否加速、手心是否流汗……等）、腦海裡有什麼想法、在什麼狀況下會生氣？細心觀察自己。

有時可能感受到情緒，卻不知道具體的情緒是什麼。所以會說：「我好悶」、「我好煩」。這時候，需要停留在情緒中，細細體會情緒的流動和變化，釐清內心混亂的感受。當情緒陷入糾結時，即使只是察覺到：「啊！原來我現在很不安。」也會讓焦躁的心情，慢慢平復下來。

當我們對情緒一無所知時，會感到害怕。但只要知道具體是什麼情緒，就能重新握有情緒的掌控權。

在這一課要注意的是——不要逃避情緒。就像前面所說，負面情緒來臨時，會消耗很多能量，因此一般人會習慣逃避，利用上網、看電視、購物等方式轉移注意力，暫時逃避情緒，讓生活得以正常運作。不過，如果一直不願意傾聽內在的聲音，到最後情緒會變得無法控制，也可能會導致憂鬱症，更嚴重甚至會想不開。

理解情緒訊號

面對情緒低潮時，不要以為這沒什麼大不了。試著問自己，心情低落的原因是什麼?為什麼會有這種感受?通常在什麼時候?跟誰在一起時，會出現這種感受?這種感受跟過去哪些經驗有關?雖然一開始可能不知道該怎麼回答，但慢慢挖掘，終究會找出答案。

練習寫情緒日記也是不錯的方法。感受到情緒時，試著把當時的狀況、和誰在一起、情緒的強烈程度，一一記錄下來。就像前面提到的貞瑩，當她在生活中感受到情緒時，也會以這樣的方式，記錄自己的感受，寫下情緒日記。

學會辨識情緒後，生活會變得不同，也會更加了解自己，「啊！原來我在這種情況時，會有這種感受。」、「原來我一直有這樣的想法啊！」但過程中，也可能喚起過去不好的經歷和感受，想起不願意記起或想逃避的回憶，可能會變得無精打采，或是容易不耐煩，變得很敏感。習慣以理性過生活的人，可能會經常覺得頭痛，或出現心血管系統疾病，容易胸悶或胸痛。當我們開始試著了解情緒後，會理解這些其實都是情緒發出的訊號。

【範例】情緒日記

（以貞瑩為例）

日期	狀況（人事時地物）	情緒感受	強度	頻率
5/3	昨晚老公對我講話愛理不理，連看都不看我一眼	疏離感、悲傷 孤單、憤怒	強烈	時常
5/5	老公對我怒吼、砸手機	疏離感、害怕 悲傷、孤單 厭惡、憤怒	非常 強烈	第一次
5/6	老公和孩子出門後，一個人待在家裡做家事時	疏離感、痛苦 熟悉的感覺	普通	偶爾

第二課　表達

不要想太多

有情感表達障礙的人，通常容易想很多。年紀越小的孩子，因為不會想太多，情緒表達反而越直接。

生活中，我們或許曾因為直率表達情緒，造成與他人之間的隔閡，因此會對表達情緒，尤其是負面情緒感到遲疑，或是變得不敢表達。

有「好人包袱」的人，怕自己的形象受損，會隱忍著不敢表達情緒。像紀川對同事和主管幾乎有求必應，即使假日主管一通電話叫他去加班，也不會拒絕，是因為他想維持「好人形象」，同時也渴望藉此獲得別人的認同。擔心表達感受，會破壞彼此關係，或是影響職場升遷。

即使必須做出違背自己價值觀的決定時，也無法坦率拒絕。就像前面提到的P小姐，因為父母關係惡劣，一直遲遲不敢答應男友的求婚，擔心自己如果結婚，會害父母離婚，但又無法真誠地和男友溝通，讓她不知該如何是好。

專注在我的感受上

但人們很常誤會的一點是，我表達情緒的對象必須是「肇事者」。這種想法不能說有錯，但也不是非得這麼做不可。有時直接把情緒宣洩在對方身上，反而會讓關係惡化，心情變得更差。

其實，只要讓情緒自然流露出來，不要刻意壓抑。允許自己體驗各種情緒的流動，對自己說說話，或是找信任的朋友聊天。如果還是不行，也可以試著把情緒寫下來，光是在書寫的過程中，就能慢慢平復情緒。

表達情緒時，要練習使用第一人稱。人們提到生氣或難過的事時，經常會說：「都是你害我生氣的」、「是他讓我這麼難過」，或是解釋自己為何會生氣或難過。但這只是情緒的原因，並非情緒本身。我們的社會普遍重視理性，對情感較為忽視，因此感受到情緒時，通常習慣先說明情緒原因，而非如實地陳述感受。

L小姐和老公關係惡劣，決定離婚。夫妻兩人經常吵架，老公對她說話很不客氣。

「我先生很過分，不管旁邊有沒有人，對我說話老是大呼小叫。甚至還會在大馬路上對我大吼，一點面子都不留給我。」

L邊哭邊說道。

「提到妳先生的事時，妳的心情如何呢？」

「我覺得很生氣。」

「看妳講一講哭了，看起來好像很難過，妳的感覺如何？」

「他怎麼可以這樣對我？我好歹是孩子的媽，是他的老婆，動不動在孩子面前或是別人面前，把我當女傭一樣使喚。只不過是稍微晚一點煮飯，就把我罵得很難聽，真的是越想越生氣。」

原本想讓她說出難過的感受，但她話鋒一轉，又回到老公身上。控訴老公對她種種的無禮行徑，不斷說自己有多生氣，卻沒有說出內心的悲傷。當她提到父親的事時，也是一樣邊說邊哭，帶著悲傷的表情，訴說心中的憤怒。

憤怒背後傳達的訊息是：「我是對的，你是錯的」，因此表達憤怒時，才不會讓人覺得自己很狼狽。L因為先生和父親對她很壞，才會這麼生氣，把自己的憤怒合理化，理所當然地把自己塑造成受害者，而先生和父親是加害者，讓自己在道德上佔優勢。

然而，悲傷是期待無法滿足時產生的遺憾感。表達悲傷時，必須要承認自己心裡在乎對方，會讓自己顯得很渺小。這就是為什麼，表達憤怒會比悲傷來得容易。

憤怒是表面情緒（**假情緒**），悲傷是隱藏的內在情緒（**真實情緒**），而悲傷背後的深層原因，是來自內心的羞愧感。

「提到父親的事時，妳也哭了，妳的心情如何？」

「要是父親能稍微對我好一點就好了。」說這句話時，她的淚水也潸然落下，但又旋即轉為憤怒。

「父親只要一回家，整個家就壟罩著恐怖的氣氛，我們兄弟姐妹會各自回房，假裝念書。父親動不動就對我們大呼小叫，不管是考不好，還是太晚回家，都會生氣罵人。有時還會拿棍子打人，甚至把我們轟出家門。做父親的，怎麼可以對孩子這麼凶？」

我試著引導 L 去體驗內心悲傷的感受。

「妳剛剛說，要是父親能稍微對妳好一點時，妳哭了。可以說說看，妳希望父親怎麼做嗎？」

「小時候去朋友家時，看到朋友的父親對她和藹可親的樣子，讓我很羨慕。那天晚上回家，我一個人哭了很久。我很希望爸爸能對我溫柔一點，不要對我那麼凶。原以為老公很溫柔，才會跟他結婚，但原來他和爸爸都一樣，我真的很氣。」

「嗯，妳希望父親能對妳溫柔一點，但他沒有這麼做，妳一定很難過吧？可以再多說一些妳心裡的感受嗎？」

「不知道為什麼，我從小就特別喜歡親切、溫柔的人，看到他們會覺得心裡暖暖的，讓人很想靠近。我心想著，要是爸爸也跟他們一樣溫柔，那該有多好。但不管是爸爸還是老公，他們都不是我心目中理想的樣子，我覺得很失望、很難過。」

L 坦承說出內心殷切的期盼後，忍不住放聲大哭，那是她藏在心裡已久的悲傷。當專注體驗內在情緒（**真實情緒**）時，會了解自己真正想要的是什麼，而內心期待沒被滿足時，又有什麼感受。

釋放情緒，也解放身心

就像前面所說的，沒有表達出來的情緒會累積在潛意識中。時間久了，被壓抑的情緒很可能會隨時反撲，引發各種症狀。例如：全身無力、憂鬱症、偏頭痛、消化不良、暴食症、妄想症等，嚴重時也可能會導致身體麻痺。假如沒有適當地釋放負面的情緒能量，這些能量會反過來攻擊自己的身體。

諮商個案中，曾遇過因為長期壓抑憤怒，導致身體出現麻痺現象，無法起身或睜開眼睛的人。這名男性個案，從小遭受父親的施暴，雖然他心裡對父親充滿怒氣，卻一直隱忍著不敢表達出來。諮商過程中，當他稍微察覺到自己在生氣，就會立刻壓抑住情緒，因為他覺得表達憤怒是一件很羞愧的事。結果諮商到一半時，他整個人身體僵硬，坐著起不了身。

另一名男性個案也一樣是家暴受害者。但他是虔誠的基督教徒，不允許自己對父親生氣。諮商時，宣洩完對父親的憤怒後，卻因為過度壓抑自責，突然顏面神經麻痺，久久無法睜開眼睛。

他們直到可以把內心的怒氣完全宣洩出來，允許自己的憤怒後，麻痺的現象才逐漸緩解。壓抑在體內的情緒，會造成身心失去平衡，引發麻痺症狀。但情緒只要釋放出來，禁錮的身心也能獲得釋放，這就是情緒的奧妙和神奇之處。

恢復自信心

孩子難過哭泣時，如果媽媽說：「這有什麼好哭的？」太太對先生發脾氣時，如果先生說：「這種小事，有什麼好氣的？」試想，結果會如何？

當情緒不被允許時，人們會對自己的感受或想法產生懷疑，變得不敢表達，認為有情緒是一件很羞愧的事，自信心大受打擊。但開始勇於表達情緒後，也能讓低落的自信心得以恢復。

一名女性個案，因為被老公誤會，內心飽受委屈。但礙於先生的權威，即使受了委屈，卻絲毫不敢吭聲，過著逆來順受的生活。長期下來，她越來越鬱悶，最後得了憂鬱症，終於踏進諮商室求助。

在諮商過程中，我帶著她重新檢視過去發生的事件，她壓抑已久的情緒才得以釋放。

「我真的覺得自己很委屈，常常氣到睡不著。」

她把當時內心委屈的感受，一一說出來。

「笨蛋！大笨蛋！怎麼可以這麼是非不分？」

當她把憋在心裡一直想對老公說的話，一股腦傾瀉而出後，心情好很多。

除了過去發生的事情外，在諮商時，她也正承受著先生帶給她的壓力，雖然滿腹委屈，卻也只能聽話照做。

「我該怎麼做？到底想要我怎樣？怎麼可以把事情都推給我？」

在諮商室裡，說完這句話後的她，像是得到解脫一樣，感到輕鬆自在。

「說完後，心情真的舒服多了。以前不知道在怕什麼，居然連這種話也不敢說，覺得自己好笨。我想，我以後會勇於為自己發聲，就算無法在老公面前說出來，至少也能知道自己心裡在想什麼。」

當開始表達感受，說出內心想說的話後，也會變得比較有自信。

擁抱內在小孩

Q小姐每次談戀愛時，總是以失敗收場。約會時，只要稍微不順心，就會直接劈頭罵人，無法和對方冷靜溝通，老是把男人嚇跑。

追溯Q的原生家庭，父親的個性霸道，母親只能唯命是從，她從小對暴君一樣的父親很反感，當父親對母親大呼小叫時，她也會為母親挺身而出，直接頂撞父親。久了，她變得習慣據理力爭，說話咄咄逼人，跟男友講話時，總是帶著命令的語氣。為了幫助她擺脫分手魔咒，我試著讓她練習表達感受。

「約會時，妳最看不慣男生哪一點？」

「看不慣他們說話的態度。」

「除了這個之外呢？其他都還好嗎？」

「嗯，其他都還好。」

「可以說說看是哪種態度嗎？」

「我最看不慣男生說話扭扭捏捏，有話不直說。約會不管是吃東西還是看電影，都要我決定，問他想吃什麼？想看哪部電影？也只會說：『我都可以，妳喜歡就好。』身為一個大男人，難道不能有主見一點嗎？為什麼自己想要什麼也不明講？每次遇到這種狀況，我都會很生氣。」

聽完Q的話後，大概可以了解她的戀愛模式。Q喜歡和父親個性相反，溫文儒雅的男人。但這樣的人在關係中容易習慣配合對方，凡事以對方為主。她明明喜歡這類型的男生，卻受不了這種個性特質。但她似乎沒有意識到自己的矛盾，於是我繼續問她。

「妳明明就喜歡這樣的男生，為什麼會覺得鬱悶呢？」

被我這麼一問，Q頓時愣住了。她從來沒有想過自己為什麼會這樣。幾經思考後，她才找到癥結點，原來跟她的父親有關。

Q討厭爸爸的霸道強勢，所以才會喜歡個性溫柔的人，但她卻受不了男生猶豫不決或講話吞吞吐吐的樣子。她一方面希望對方對她百依百順，但又希望對方是有主見，態度明確的人。為了解決這個問題，我請她開始進行對話練習。

「好，那妳可以試著和對方這麼說：『我很喜歡你，但你的猶豫不決，會讓我覺得很鬱悶。』」

「我說不出口，說這種話會讓我覺得自己好卑微，身體不自覺地蜷縮。」

我試著探討為什麼她會有這種感覺？在練習表達情緒時，必須先消除心裡的疙瘩，讓心情稍微放鬆後，再嘗試練習表達。透過這樣的過程，把心結慢慢打開。於是我問她，為什麼在表達感受時，她會有這樣的感覺？

「小時候，我很怕爸爸。不管做什麼，只要稍微不順他的意，他就會火冒三丈，也曾經被他打過。雖然我很怕他，但他如果凶媽媽，我會跳出來保護媽媽，不讓他隨便欺負。」

「在嚴厲的父親面前，妳有什麼感覺？」

「覺得自己什麼也做不了，像孩子一樣。我討厭這樣的自己，所以開始頂撞父親。從那之後，我變得習慣有話直說，想到什麼就說什麼。」

在父親面前，她覺得自己變得好渺小，整個身體蜷縮成一團，不知該如何是好。

「每次爸爸罵人的時候，我都會很害怕。但長大後，我開始會反擊回去，用這樣的方式保護自己。」

「反擊完後心情如何？」

「當然很害怕啊！跟爸爸吵架，其實我也很難受，覺得自己好像做錯事一樣。但我實在忍無可忍，他對我和媽媽太過分了。」

「雖然在言語上頂撞父親，但妳心裡其實很害怕對嗎？」

「嗯，沒錯。但一方面我也不甘示弱，會說更激烈的話刺激他。這麼看來，我是因為害怕才會反擊，用這樣的方式來武裝自己，假裝不害怕。」

Q以反擊的方式壓抑恐懼的感受。因為承認恐懼，會讓她覺得自己很卑微，才會用抵抗的方式逃避恐懼。

「當時的妳，內心的渴望是什麼？」

「我希望爸爸不要那麼凶，可以對我溫柔一點。我不要老是大吼大叫、動不動就罵人的爸爸，我想要慈祥、溫暖的爸爸。」

Q聲淚俱下，她真正渴望的是父親的溫柔和溫暖。她之所以會說話咄咄逼人，總是一副盛氣凌人的樣子，是因為她的心裡住了一個受傷的小孩，內心充滿恐懼，卻又不願意承認。

她開始練習表達自己的感受，但起先並不順利。原本有話直說的她，像是變了個人似的，說話變得很小聲，邊說還會邊發抖，聽不清楚她在講什麼。她無法擺脫父親帶給她的陰影，我試著引導她說出內心的恐懼。

「在爸爸面前，我就像一個小孩，其實心裡怕得不得了。一開始根本不敢回嘴，只敢用瞪的。」她邊說邊啜泣，低著頭不敢看我。

重複練習幾次後，Q才終於走出恐懼的陰影。

「那麼，現在可以試著說說看，原本說不出口的那句話嗎？」

「嗯，應該可以。」

「要試試看嗎？」

「我很喜歡你，但你說話吞吞吐吐這件事，讓我覺得很鬱悶。」

這麼說完後，Q的心裡舒服多了。

她總算明白，過去戀情之所以總是失敗收場，並不單只是因為說話的口氣和態度，而是因為在她的心裡住著一個長不大的小女孩，內心充滿恐懼，才會用這樣的方式保護自己。

當她試著把內心的恐懼說出來後，原本不安的小女孩，也跟著慢慢長大。或許，她還是會經歷幾次失敗的戀情，畢竟心裡的內在小孩還在。但小女孩終究會長大，和成熟的人談一場成熟的戀情。

把內心的感受說出來，心情會比較舒坦。心情舒坦了，才能活得輕鬆自在。此外，當心情平靜下來，專注力會跟著提升，工作也會更有效率。不要輕忽內在不舒服的感受，試著找出感受的深層因子，練習如實地表達感受。這麼做會讓自己變得更有力量，無論生活中遇到任何問題，都能遊刃有餘地面對。

第三課　探索

表達內心感受

表達感受，是認識自己的第一道關卡，能更覺察貼近自己內心的真實感受。原本愛生氣的人，開始看見憤怒底下的恐懼；焦躁不安的人，漸漸發現焦慮背後隱藏的怒氣。開始試著表達感受後，藏在表面情緒下的內在情緒、深層情緒，會一一浮現出來。

I小姐是非常敏感的人，很在意別人是否重視她。和她相處的人，會覺得她令人很有壓力，難以親近。但I小姐的先生很了解她，時刻表達對她的關愛，讓她覺得自己被在乎。

對I而言，先生是唯一讓她不再感到孤單的人，但先生只要稍微沒有對她表達關心，她就會火冒三丈。就連先生來找我諮商時，她也對先生大發雷霆。她先生之所以來找我，起因是某次他到外地出差時，沒有打電話給太太。平時因為怕太太生氣，會主動打電話報備，然而那次卻忘了打，太太因此大為光火，先生因為再也受不了太太精神上的折磨，才會尋求諮商協助。

I的父親是位商人，忙於經營事業，對家裡疏於關心。母親因為孤單，也開始尋求慰藉，整天往外跑找朋友。從小，她經常一個人在家等爸媽回家。也因為這樣，她不喜歡等待的感覺，只要老公不在她身邊，她就會焦慮不安。如果老公沒打電話給她，就會對老公發脾氣，試圖從老公身上，找回兒時在父母那得不到的愛。

當熟悉的孤單湧上心頭時，伴隨而來的是焦慮和憤怒。I之所以會生氣，是不滿自己童年時被父母忽略，覺得自己被虧欠了。

從I的憤怒中，我看到她想讓童年時的孤獨感得到慰藉的渴望。她內心真正想要的是，希望自己能成為被丈夫寵愛的妻子，藉此擺脫孤單的感受。因為覺得承認孤單很丟臉，會讓她覺得自己很卑微，想藉由被愛證明自己的存在與價值。因此，當被愛的需求沒被滿足時，才會感到憤怒。

自我心理防禦機制

察覺到隱藏在表面情緒下的真實情緒時，會看到過去從未發現的自己，更認識貼近自我。這堂課可能會遇到的問題是，害怕面對真實的自己。擔心如果把自己最真實的一面呈現在別人面前時，會被別人討厭。這些人通常對自己很沒自信，無法喜歡自己。

為了不讓別人發現真實的自己，我們會啟動自我心理防禦機制。例如：合理化（Rationalization）、理智化（Intellectualization）、行動化（Acting out）、社會化現象（Socialization）等方式。

採用合理化機制的人，往往習慣說：「所有人都一樣」、「大家不也都是這樣！」把「自己的問題」變成是「所有人的問題」，藉此掩飾自己的問題。用這樣的方式隱藏自己心中真實的感受，不讓別人察覺到。

理智化機制，則是像紀川一樣，不斷替自己找藉口。一有情緒，就急著為情緒找合理的理由辯解。就像〈狐狸和葡萄〉的故事一樣，狐狸雖然心裡想吃葡萄，但因為摘不到葡萄，邊走邊安慰自己說：「反正葡萄是酸的，一定不好吃，我才不要吃呢！」把情緒化為理智性的念頭，藉此掩飾內心真實的渴望。

啟動行動化防禦機制的人，則是用外在的行動，逃避內在的情緒。為了逃避內心羞愧的感受，把焦點轉移到外在事物上，讓自己忙於家事、工作或感興趣的事情上。這樣一來，就能藉由依靠外在事物，逃避內在感受。

社會化現象的心理防衛機制，則是把焦點放在社會事件，而非專注在心理感受。透過關心政治、經濟、社會案件或新聞話題，逃避內心的感受，尤其男性最常出現這種傾向。此外，有些人只要和人單獨相處時，就會覺得渾身不自在。雖然不能以一概全，但有些人之所以比較喜歡接觸人群，是因為在人群中他們比較能掩飾自己，不容易被人發現自己的想法和感受。

許多人即使長大後，心態也依然像個孩子一樣沒有成長，是因為他們不願意面對真實的自己。逃避，讓他們錯過了自我成長的機會。唯有勇於正視問題，才能解決問題，繼續在人生的道路上前進。願意面對真實的自己，才能讓自己不斷提升，變得更成熟。反之，不願意的人，只能停在原地。

第四課　認知

原來我是這種人啊？

更進一步了解自己，面對自己內在真實的情緒後，很多人反而會覺得自己變得很陌生，因為顛覆了過去的自我認知，完全是截然不同的形象。

在我還單身時，曾在大馬路上跟一位陌生大媽吵架。我已經不大記得具體是為了什麼事而吵了，但發完脾氣後，我很厭惡這樣的自己，覺得自己很丟臉、很可悲。好一段時間裡，我陷入很深的罪惡感，不懂自己當時為什麼會這樣？有話不能好好說嗎？心裡不斷責怪自己。我可以允許自己在家裡生氣，但無法接受在大馬路上和別人大聲吵架的自己，這件事讓我心裡很難受。

要解開內心的糾結，並不是件容易的事。在大馬路上和別人吵架這件事，困擾了我很久。

對我來說，它就像人生的一大汙點，怕別人知道我原來也會像這樣和別人吵架，好幾年來，我努力隱藏這樣的自己，不想讓別人發現。

儘管如此，還是會忍不住被別人看見我發脾氣。每次生完氣後，我都會想找個地洞鑽進去，內心懊悔不已。但當時，我並不知道問題出在哪裡。

直到後來念了心理諮商，才知道為什麼我會這麼痛苦。我把自己一分為二，一個是理智、待人寬容的我，一個是無知、待人粗魯的我。無知、待人粗魯的我，是被野性控制的我，會變得充滿攻擊性。只要覺得自己被侵犯了，不管在哪裡，就會激起獸性的一面。雖然允許自己在家裡有這樣的形象，但在外人面前會控制得很好。我希望自己在外人面前，一直是理智、溫和的形象，然而卻在大馬路上和陌生大媽吵架，形象徹底崩盤。

一開始，我很難接受這樣的自己，內心十分抗拒，因為我希望自己是富有理性、待人寬容的人。歷經了好幾年內心的搏鬥，才終於接納這樣的自己——無論是理智線斷掉、在大馬路上和人吵架的我，還是理智、溫和的我，即便不是心目中理想的我，卻都是不同樣子的自己。

坦承面對自己

走上心理諮商這條路後，我才發現為什麼這件事會讓我這麼痛苦——是因為恐懼。我害怕萬一別人知道我是會在大馬路上大聲嚷嚷、和大媽吵架的莽漢，會因此討厭我、批評我。心想要是別人知道了，一定會對我評頭論足，指指點點地說：「原本以為你人品不錯，沒想到你居然是這樣的人。嘖嘖！」一想到這點，我心裡就覺得很難受。陷入自我否定，不想讓別人發現這樣的自己。也因為這樣，我無法原諒自己在大馬路上和別人吵架，內心充滿了恐懼。

我從小就很努力生活，上學從不遲到、缺席，是認真用功的模範生，這是我認定的生活方式。但這次的吵架事件，把我辛苦塑造的模範生形象全部摧毀。這幾年所做的努力，就是為了恢復形象。拚命想要維持模範生形象，才會為了在大馬路上和大媽吵架這事，深感罪惡與羞愧。這些痛苦的感受，是不願意坦誠面對自己的我，所要付出的代價。

已經發生的事，不可能改變。但包括我在內，很多人會一直糾結在：「要是當時沒發生這件事就好了，這件事毀了我的形象。」拚命想要改變或掩飾過去，想把人生中的汙點剔除掉。

這麼做不只是因為不想被別人發現，而是連自己也不願意坦承面對自己，才會陷入糾結。有些人會選擇搬家，甚至變更國籍，想藉此逃避過去。但過去的事情無法改變，再怎麼掩飾也不會消失，這樣做註定會失敗。

第五課　接受

有光就有暗，我也有黑暗面

每個人都有不同的面向，有光明面也有黑暗面。要接納自己的黑暗面，並不是件容易的事。因為這些黑暗面，會讓自己長久以來的信念全盤瓦解。要坦然面對自己醜陋的一面，必須重新調整自己的價值觀。

O先生是虔誠的基督教徒，為人誠懇老實，在教會備受教友們信賴。但他只要看到教會領袖或牧師言行不一，就會火冒三丈，經常與他們發生衝突。在牧師的勸說下，他前來進行諮商。

O看到有人不老實會很生氣，無法接受別人說謊。他之所以會這麼生氣，歸因於他的父親。O的父親成天遊手好閒、無所事事，雖然他會上教會聽課做禮拜，但還是時常說謊、表裡不一，為此經常與家人發生衝突。看到父親虛偽的樣子，他從小下定決心，絕對不要成為像父親一樣的人。

O希望活在沒有謊言的真實世界，但看到教會的人居然也會說謊，讓他覺得自己殷切渴望的世界破滅了。這是O無法接受別人說謊的原因。一直以來，他把爸爸設定成是「壞人」，自己是「好人」。但在諮商過程中，他想起爸爸小時候其實對他很好，雖然爸爸經常喝醉酒晚歸，回家後還對他們大聲嚷嚷，但吼完他們後，爸爸會一個人待在房間裡難過痛哭。

回想起這件事後，他心裡很痛苦，原來爸爸並不完全是他想的那樣。許多人發現事情原來不是自己所想像的時，會像O一樣抗拒，因為他們不願意承認自己的想法有錯。

重新理解認識父親後，O才發現，自己有某部分其實和爸爸很像，但這樣的發現，也讓他一直以來的信念產生動搖。

理解世界不是非黑即白

O不想成為和父親一樣的人，選擇和父親敵對，站在與父親對立的兩端，但他和父親

「本質」上並無不同，只是「呈現的方式」不同而已。所謂對立的兩端，是指完全相反的兩個極端，但兩者其實是一體兩面。他對父親的厭惡，也是他內心的自我投射。

他討厭因為父親感到不安、恐懼與憤怒的自己，覺得這樣的自己很丟臉，想擺脫這些負面感受所引發的羞愧感。因此，他把父親設定為「壞人」，透過對父親的厭惡，提升自己的道德優越感。O厭惡虛假、追求正義的心態，也是一種自我膨脹的方式，不想讓自己在父親面前顯得渺小。

許多人藉由嫉惡如仇的方式，讓自己與「惡」劃清界線，站在與黑暗面對立的光明面位置上。但這種仇視敵對的心態，其實已經讓自己落入黑暗的世界裡。要擺脫這樣的想法，必須要試著理解對方，明白可恨之人必有可憐之處，以包容的心態去面對。如果不這麼做，只是一味地排斥厭惡，這種瞋恨的念頭，本身就存在著黑暗。

不過黑暗有時候會很巧妙地隱身在光明中，讓人看不見它。包括O在內的許多人，因為看不見隱藏在光明下的黑暗面，就以為自己沒有黑暗面。但不管黑暗面是顯現在外，或是隱藏在光明面下，黑暗面就是黑暗面，黑暗面無所不在。

O的父親是黑暗面外顯的人，而O先生則是黑暗面內隱的人，兩個人其實是一樣的，只是呈現的方式不同。

一直以來，O的正義世界信念：「認為自己是好人，和自己相反的人就是壞人」是一種認知偏誤。但這個世界沒有絕對的公平正義，一味地追求公平正義，只是在逃避內在的黑暗面。

現在是O重新抉擇的時候，究竟是要像過去那樣，活在非善即惡的二元世界？還是願意看見自己也有黑暗面，並且包容別人的黑暗面，活在善惡共存、兼容並蓄的世界？

當理解世界並不是非黑即白後，接納是下一個要面對的課題。如果沒有這種認知，O將會永遠討厭他的父親，無法與父親和解。父母是一個人的生命源頭，如果否定了生命的源頭，等於是否定自己的一部分，沒辦法擁有完整的自己，過著支離破碎的人生。即使表面上看起來過得很好，但內心總會感到莫名不安，陷入空虛迷惘。

唯有放下心裡對父親的厭惡，試著原諒父親，O才能打從心底真正接納自己，過著不一樣的嶄新生活。與父親和解的同時，其實也是在與自己和解。

第六課　成長

成長必經之痛

當發現理想中的自己，與現實的自己有所差距時，內心會經歷天人交戰，難以接受這個事實。就像紀川花了很長的時間，才終於接納像怪物一樣發火的自己。我也一樣努力了很久，才坦然接受自己也有粗暴的一面。

這場自己與自己的戰爭，是一場長期抗戰。過程中不免也會感到徬徨，不知道該怎麼做才好，甚至會覺得生氣，或突然想放棄。許多人受不了過程中必須經歷的痛苦，寧願維持現狀，不願意改變。

對願意改變的人來說，他們需要的是鼓勵與稱讚。走在這條道路上的人，非常了不起，因為不是每個人都有改變的勇氣。

O先生在這場與自己的戰爭裡，必須要面對的是信念的取捨，O先生要捨棄他內在小孩的二分法信念。

就像孩子們看電影時，經常會問：「誰是壞人？誰是好人？」因為孩子們的世界，是善惡對立的二分法。但隨著年齡增長，成為大人的我們逐漸明白，善惡並非那麼絕對，世界不是非黑即白，有時也會有灰色地帶。但O之所以長大後依然存在著二分法信念，把父親當成壞人討厭，認為自己是好人，正是因為他的心裡，還住著受傷的內在小孩。

O必須為成長付出代價，誠實面對自己的內心。如果因為恐懼成長必經之痛，逃避不敢去面對，反而會因此付出更大的代價。內在憤怒的情緒，會變得越來越難控制，受到一點刺激就無法忍受。原本不想成為和父親一樣的他，可能重蹈覆轍，或甚至變得比父親更糟糕。

善用既有的資源

對O先生而言，他已經擁有許多自我成長的資源。首先，是想要站在良善立場的寶貴心態。這樣的心態非常珍貴，無論我們處在任何狀況下，都必須擁有這樣立意良善的心態。在心理學稱為「態度」，在宗教稱為「靈性」，在日常生活則稱為「姿態」。

重點不在於名稱為何，而是在於這份心態的難能可貴。因此，O 必須思考的是，如何善用這樣的心念，重新與世界連結。

此外，在認真生活的過程中，O 也培養出一些既有的能力。有別於遊手好閒的父親，一路走來他努力獲得的知識、社會地位、人際關係、誠信、勤勉、耐心等，都是他未來的人生道路上所需的寶貴資源。

在他未來的人生裡，不再只有光明面，而是擁有能夠包容黑暗面的更寬闊的心胸。要包容黑暗面，必須要有耐心和平靜的心。耐心，是 O 原本就已經具備的能力。過去對父親的厭惡，也同時滋養了他的耐心。如果 O 可以放下對父親的厭惡，保持平靜的心，就算看到黑暗面，也可以試著理解背後的原因，選擇包容寬恕。那麼，O 對父親的憤怒和厭惡，都能轉化成有利的資源，開啟人生的新篇章。

第七課　重生

化解內心的衝突

在最後第七課，要迎接新生活的到來，必須建立新的價值觀做為後盾。O先生必須重新調整自己過去的價值觀，才能邁向新生活。

接納善惡並存共立的事實，但在那之前，他得先化解內心的衝突。

很多人過不去自己心裡這一關，無法接受善惡共存的世界，活在善惡二元對立的框架下，認為對是對，錯就是錯。但這世界並不是非黑即白，好人可能會做壞事，壞人也可能會做好事。

必須化解內心的衝突，新的價值觀才得以建立。接納內在的衝突後，會發現愛比對錯更重要。當內心產生衝突時，很難界定好壞對錯。因為一旦界定了什麼是對的，就等於否定了自己的另一面。但每個人都有好的一面，也有不好的一面。與其界定好壞對錯，更應該做的是接納與包容。

我也是花了很久的時間，才接納自己內在有神性的光明面，也有獸性的黑暗面，兩者同時並存。

當我不肯接納自己的黑暗面時，看到大叔們在路上吵架，會下意識地想躲開。就像不敢靠近髒東西一樣，對他們避之唯恐不及，在心裡加以批判。但當我接納自己內在的黑暗面後，即使在路上看到吵架的大叔們，心情也不會受影響。因為知道他們是我的鏡子，接納自己也有這樣的一面，不會對此產生厭惡或批評。

當我願意接受自己的黑暗面，就算生氣或覺得丟臉，調適心情會變得更容易。當我們看到自己最討厭的人，能夠承認他是自己的一面鏡子，生活會變得更輕鬆自在。

理解、接納、包容

倘若無法重新塑造新的價值觀，內在會有很多衝突產生。O 先生原本的價值觀是建立在非善即惡的二元對立框架下。透過諮商的過程，他發現自己和父親並無差別。

然而，如果他還是堅持懲惡揚善的價值觀，也會像撻伐父親一樣撻伐自己。追求心中正義的同時，卻也跟正義背道而馳，變得像是多重人格者一樣，腦海中充滿各種對立分裂的想法，內在衝突不斷。電影《悲慘世界》（*Les Misérables*）裡，警探賈維爾基於奉公守法的信念，癡迷於追捕脫逃的罪犯尚萬強，最後卻選擇自殺，也是因為這個緣故。

在這個價值觀崩潰混亂的世代裡，無論是個人或群體，都需要重新塑造價值觀。我們應具備的價值觀，不是以二元對立的邏輯去評估判斷別人，而是帶著一顆謙卑的心，理解每個人有好的一面，也有不好的一面，試著去接納與包容。

當這樣的價值觀深植在心裡，就不會再為了逃避羞愧感，扭曲自己的感受。而是能誠實面對自己，把自己從羞愧感中解放出來，找回內心的平靜與自在。

第五章 情緒減壓的十個提案

調適情緒，需要有傾訴的對象

練習調適情緒，需要有可以讓自己放心表達情緒的對象。如果身邊有很多人關心，無論在他們面前流露出任何情緒，他們都願意包容與支持，會更有利於練習調適情緒。傾訴的對象可以是父母、師長、朋友，或是心理諮商師。

但要找到這樣的人，並不容易。如果不是真正關心自己的人，很難做到。尤其是傾訴痛苦時，願意用心聆聽，並且予以同理，更是難上加難，需要對方的愛與付出。

當人們遇到有人向他們傾訴痛苦時，往往會勸對方這件事沒什麼大不了，或立刻告訴對方解決方法，不讓對方繼續說下去。嘴巴上是為對方好，但事實上是因為他們無法和痛苦相處，想趕快逃離這樣的感受。

因此，如果有人願意傾聽並同理你的感受時，要好好謝謝對方。對方可能比想像中更愛你，才會願意為你付出這麼多的心血和努力。

但即使身邊沒有這樣的人，也不必沮喪，你也可以練習當自己的聽眾。無論何時、何地，都可以把自己當成聽眾，練習對自己表達情緒。這樣一來，也不必提心吊膽，擔心說錯話會破壞關係。

接下來的章節中，將會介紹情緒減壓的十個提案。學會調適情緒，任何人都能與情緒和平共處，不再被情緒的洪水淹沒。

提案1　問問自己「你今天心情如何？」

調適情緒第一步，首先必須先檢視自己當下的情緒狀態。「你今天心情如何？」用這句話和自己展開對話。家庭主婦可以等老公、小孩出門後；上班族可以趁通勤途中，問自己這句話。

我的提問：容太，你今天心情如何？
我的回答：嗯，不是很好，覺得心情有點沉重。
我的提問：為什麼今天心情特別沉重？
我的回答：今天要開會，一想到要開會，壓力很大。
我的提問：為什麼開會讓你覺得壓力大？

我的回答：今天有重要的議題要討論，但有人跟我意見不合。
我的提問：一想到這點，你的心情如何？
我的回答：覺得很沉重、很緊張。
我的體悟：嗯，原來我是因為今天要開會，心情才會這麼沉重。

提問時要著重在自己的心情，不要把焦點放在事情或別人身上。不要去想早上的會議內容，或是會議中和自己意見相左的人。這樣會模糊焦點，而忘記自己真正的感受。和自己對話的過程中，中間可以試著問：「想到這件事，你的心情如何？」把焦點拉回來，集中在自己身上。

被公司主管訓斥，心情很差時，也可以試著像這樣和自己對話。

我的提問：現在心情如何？
我的回答：被罵完心情很差。

我的提問：為什麼心情很差？
我的回答：覺得自己被瞧不起。
我的提問：你有什麼感受？
我的回答：覺得很糟糕、糟透了，也覺得很生氣、很丟臉。
我的提問：你生氣的點是什麼？
我的回答：我氣他怎麼可以在別人面前罵我！
我的提問：你不是因為被罵而生氣，而是因為在別人面前罵你而生氣嗎？
我的回答：這麼看來好像是這樣，在新人面前被罵，覺得很丟臉。

像這樣和自己對話，可以知道自己現在有什麼感受？為什麼會有這種感受？有時很容易找到答案，有時很難。越深入挖掘，也會越來越難提問，越來越難回答。問到最後可能會突然覺得：「我到底在幹嘛？」乾脆選擇放棄。

這時候可以試著想像聊天的對象，是自己喜歡或在乎的人，也是不錯的方法，這麼做會比較投入。

想讓對話順利進行，需要給自己可以專心獨處的時間。能在安靜不被打擾的空間獨處，那是再好不過了。但如果條件不允許，可以趁上班通勤、洗碗、等人時，利用空檔時間練習與自己對話。經常像這樣關心自己，問問自己心情如何？越了解自己，會更懂得珍惜自己。

提案 2　接納負面情緒

把負面情緒拒於門外的 A 先生

接納負面情緒並不是件容易的事。想把負面情緒拒於門外是人之常情，但情緒本身沒有好壞，每種情緒背後都有原因。如果想調適好情緒，要以正向態度迎接負面情緒。

「我接受我現在心情很沉重。」

「我承認我現在心情很糟糕。」

當負面情緒來襲時，不需要刻意假裝自己沒事。難過時露出愁眉苦臉的表情，或是大哭一場也無妨。事實上，這麼做是有必要的。不急著逃避，讓自己停留在情緒中，試著理解自己的感受。光是這麼做，就能讓心情平復許多。

但對於太在意別人眼光的人來說，他們無法做到，甚至連承認自己有難過的情緒都有困難。他們只想給別人看到光鮮亮麗的一面，極度抗拒負面情緒。

然而，越是抗拒負面情緒，耗損的能量越多。其實只要承認「我很難過」、「我現在心情很差」，就能減少不必要的能量消耗。難過時接納這份情緒，允許自己好好悲傷。這樣就不會被情緒綁架，而是去體驗豐富的情感。

不久前，我替身障者A先生進行諮商。A先生自尊心很強，即使經濟困頓，也不願意領相關津貼補助，但他心裡一直覺得很不舒服，於是找我進行諮商。透過A先生的案例，一起看看抗拒負面情緒，會發生什麼事吧！

A先生雖然承認自己是身障者，心裡卻認為自己可以跟正常人一樣生活，否認所有因殘疾造成的不便之處。也因為這樣，他必須比別人更加倍努力，導致能量耗損過多，根本沒有心思照顧孩子。

像這樣想否認不舒服的感覺，把能量浪費在莫名其妙的地方，心裡反而更不舒服。這樣一來，又得花更多力氣逃避，只會讓自己越來越痛苦。

在諮商的最後結束階段，我只告訴他一件事。

「身為一名身障者，生活中難免會碰到種種不方便與困擾，需要別人幫忙，這是再理所當然不過的事情。因為你不是活在自私自利的世界，而是互助合作的世界。接受別人的幫助，再把這份愛傳下去，去幫助更多人吧！」

A先生聽完後一副若有所思的樣子，他原以為我會給他不同的意見，但沒想到最後我給他的建議，是要他接納他最抗拒的事。沉思了好一陣子，他才點頭表示認同。

「醫生，你說得對！我一直不想承認自己殘障這件事，越是不願意面對，反而讓我更痛苦。現在，該是接納自己的時候了。沒錯！我就是行動不便的人，我需要別人幫忙。光是願意承認這件事，我的感覺好多了。我想，未來在接受政府或別人幫助時，我也會盡我所能去幫助別人。」

總是扮演開心果角色的C先生

再舉另一個案例，C先生是一位上班族，總是扮演開心果角色，不管是和同事或朋友相處，他總是帶給大家歡樂。然而不知道為什麼，他突然變得越來越不想上班，也不喜歡參加任何聚會。

「醫生，其實每次看到大家被我逗笑時，我也會很開心。但漸漸地，我覺得這樣的生活好累。我也是人，也會有心情不好的時候，可是大家好像對我抱以期待，希望我能當他們的開心果。所以就算難過，我也會搖頭告訴自己：『現在不是難過的時候，這樣會讓別人失望。』想盡辦法迎合討好別人。」

從他的描述中，我注意到他提到自己會否定負面情緒這件事。

「當別人對你抱以期待時，你有什麼感覺？」

「覺得自己應該要做些什麼才對。」

「想到這點時，你有什麼感覺？」

「我也不清楚，可能覺得有壓力吧！」

「你說得很好，面對壓力時，你會怎麼做？」

「想甩掉壓力，我通常會搖頭，告訴自己：『我沒事。』又繼續迎合別人，盡力滿足他們想要的。」

「如果不這麼做會怎樣？」

「他們不會放過我，這樣我會更累。」

C討厭迎合別人，覺得很有壓力，卻不願意面對自己內心真實的感受，只要一覺得心裡不舒服，就搖頭否認。

為了趕快擺脫這種感覺，只好委屈自己迎合別人的需求。像這樣逃避自己的感受，做違背心意的事，他開始變得越來越不想去公司，也害怕參加聚會。

「當對方的要求讓你覺得有壓力時，如果直接拒絕對方會怎樣？」

「他們可能會討厭我。」

「被別人討厭有什麼感覺？」

「會覺得心裡很難受。」

C擔心被別人討厭，勉強自己滿足別人的需求。因為內心的擔憂，導致他無法接納自己的情緒。

了解C先生的成長背景後，我發現他從小在家裡受到差別待遇，父母對弟弟特別偏心。為了得到父母的寵愛，他拚命迎合父母，滿足他們的要求。在這樣環境下長大的他形成討好型人格，不只對父母，對別人也一樣，不斷討好別人。

我問C先生：「為什麼會覺得讓大家開心是自己的責任？」他自己也不知道，就是想讓每個人都開心。他會覺得有壓力，也是因為他把責任攬在自己身上，或許和他從小一直想討父母歡心有關。

「說的也是，為什麼會這樣？我自己也不清楚，可能是因為從小一直扮演這種角色吧！」C又接著說：「的確是這樣沒錯，小時候只要家裡氣氛冷清，我就會覺得是我的責任。如果我不當開心果炒熱家裡氣氛，爸媽只會更疼弟弟，所以我才會這麼努力，拚命討大家歡心。我怕不這樣做，爸媽會更不喜歡我。」

他邊說邊哭，一個人痛哭了好久。

「沒錯！我一點也不愛我自己，明知道不可以這樣，卻還是一直忽略自己內心的難過。從現在起，我要好好愛自己，不再迎合別人。」

C看見童年努力討父母歡心的自己，也看見即使長大成人後，也依舊不斷討別人歡心的自己，因為他不願意接納內心不舒服的感受。明白這點後，他知道他可以選擇不一樣的方式生活，決定做好準備迎接負面情緒。

無論感受到任何情緒，情緒本身沒有好壞。不管是負面的、正面的，會有那樣的情緒出現，一定有原因，每個人的原因都不一樣。如果不想被情緒綁架，把生活搞得亂七八糟，就必須正視所有情緒，好好迎接它、照顧它。

提案3 越負面的情緒，越需要釋放

忍一時，不會風平浪靜

俗話說：「忍一時風平浪靜。」綜觀歷史，韓國人的個性真的很能忍。但如果一直拚命忍耐，心中的不滿會累積成熊熊怒火，悲傷壓抑久了變成委屈，抑鬱久了會生病。忍一時看似風平浪靜，卻失去了內心的平靜。

為什麼忍耐會失去內心的平靜？忍耐，其實有兩種意思，一種是壓抑，一種是消化。壓抑是一種逃避不舒服感受的心理防禦機制。壓抑到潛意識的情緒，會形成一股壓力，變得容易衝動。就像群眾聚集在一起，容易產生暴動是一樣的道理。當控制不住內心的怒火時，就會火山爆發。

像這樣把憤怒的情緒儲存在潛意識裡，瀕臨崩潰的臨界點時，容易引發憂鬱症。憂鬱症的英文是「Depression」，字首「De-」代表「釋放、解除」，合在一起的意思就是「釋放被壓抑的情緒」。被壓抑的憤怒，一旦宣洩出來，就會失控引爆。

不要壓抑情緒，要消化

雖然一樣是忍耐，但消化和壓抑完全不同。壓抑是把情緒藏在黑暗處（潛意識），像抱著一顆不定時炸彈，隨時會爆炸；消化則是有意識地面對情緒，讓情緒慢慢消失，不是一味地忍耐，而是接納情緒，等待心情恢復平靜。

察覺到憤怒的情緒時，會看見「生氣的自己」。但沒有人喜歡看到自己生氣的樣子，所以會想逃避。

要消化情緒，必須做到兩件事。第一，接納情緒；第二，戰勝想逃避的心態。可以嘗試以下幾種方法：如果是會不自覺習慣壓抑憤怒的人，需要練習靜觀覺察。開始練習自我覺察後，會看見生氣的自己，在某一刻會突然意識到：「啊！原來那時候我是在生氣，現在也還是一樣生氣。」像這樣經常練習覺察自己的情緒，自然就不會再莫名壓抑。

假裝自己沒生氣的人，需要練習接納在別人面前生氣的自己，允許自己用行動、語言、表情等方式向別人表達怒氣。當然，這麼做的前提是，對象必須要是信任的人。

習慣轉移注意力的人，生氣時需要練習把焦點放在覺察情緒。不要藉由其他事情逃避情緒，試著讓自己停留在情緒中。

像這樣正視情緒，透過言語、表情或行為等方式，如實地表達情緒，比較不會在情緒上一時衝動，也能讀懂情緒背後要傳達的訊息，從情緒的洪水跳脫出來，理解情緒發出的訊號。

我訊息

「我訊息」（I-message），是表達負面情緒的最佳方式。生氣時，我們通常會把矛頭指向對方，用「你訊息」表達憤怒，「都是你害我生氣」、「快被你氣炸了」、「還不都是你的錯！」彷彿情緒的主人是對方，不是自己。

把對方當主語表達情緒時，對方被迫必須做出反應，但對方可能會認為不是自己的錯，卻莫名其妙被指責，很自然的想反擊，關係也會因此變得緊張。

然而，如果用「我訊息」表達時，對方比較不會感到壓迫。因為「我生氣了！」這句話的主詞是「我」，跟對方無關。對方可以選擇安慰我，也可以等我氣消，或是關心詢問我為什麼生氣。這樣一來，兩人的關係就不會那麼緊張，我也可以表達憤怒的情緒。

上班族D先生在公司受了委屈，主管好幾次冤枉他，要他為不是他做的事情負責。因為這些事，D心裡雖然很生氣，卻對主管敢怒不敢言，只能壓抑內心的憤怒。

「我想部長應該不知道我在生氣，因為我都是氣在心裡，表面上還是對主管客客氣氣的。」

「遇到這種狀況時，你的心情如何？」

「一開始其實還好，但同樣的事情一再發生，覺得心好累。受了委屈卻不敢說，表面上還要裝作沒事，無力感越來越重。」

D的無力感，是來自內心的憤怒。因為他把憤怒的情緒壓抑到潛意識裡，這股能量無法表達出來，拚命壓抑忍耐，自然就變得越來越無力。我試著透過提問的方式，更深入了解D內心的憤怒。

「你最近是不是想辭職？或是不想去上班？還是覺得反正都被誤會了，乾脆豁出去算了？」

被我這麼一問，D的表情顯得很驚慌，漲紅著臉不知該怎麼回答。我靜靜地在一旁等他情緒平復。

「醫生，你怎麼知道？我的心思一下子就被你看透了。」

「明明生氣，卻拚命忍耐，很辛苦吧？憤怒不會因為壓抑而消失，累積在潛意識內的憤怒，會形成一股破壞性的能量。試著把能量釋放出來吧！這段時間很委屈、很生氣吧？把內心的感受說出來吧！」

儘管如此，D還是無法把自己的情緒表達出來。

「為什麼明明受了委屈，心裡很生氣，卻不敢表達出來？」

「我一生氣看起來就像凶神惡煞一樣，而且會變得面目猙獰。」

「不是只有你會這樣，任何人只要生氣，面紅耳赤大吼大叫，都會變得面目猙獰，看起來像凶神惡煞一樣。」

D的表情突然變得豁然開朗。

「原來不是只有我，別人生氣時也一樣。」

D開始傾訴自己的委屈，說到激動處時，甚至會拉高音量怒罵部長，說了許多難聽的話，把心裡的憤怒一股腦宣洩出來。說完後，D告訴我，他心裡舒服多了。

「我從來沒想過我會說這種話，但說完後覺得很痛快，心情好很多。」經過幾次諮商後，他才擺脫長期的無力感。

表達負面情緒的三要點

諮商療程結束後，過了幾個禮拜D又來找我。這次來找我時，他看起來一副氣沖沖的模樣。

「醫生，雖然我心裡確實舒服多了，但部長還是一樣把責任都推給我。我要怎麼做，才不會破壞關係，又能向部長表達我的感受。」

我告訴D，在現實生活裡表達負面情緒時，要注意三件事。

第一，要看對方的個性。有些人不管你說話再怎麼委婉，就是無法接受別人對他有負面情緒。這些人的個性通常不成熟，或是有生病的傾向。

如果對方是像孩子一樣不成熟的大人，當別人說了不合他們心意的話，他們會生氣。當別人向他們表達負面情緒時，會以為別人討厭自己，結果導致關係更惡劣。

而心裡生病的人，當別人對他們表達負面情緒時，會覺得對方是在挑釁或對自己有敵意；認為對方在挑釁的人，有自戀傾向；認為對方有敵意的人，戒心比較重。自戀型的人，無法忍受別人糾正他們的錯誤，當別人指責批評他時，會感到忿忿不平，或產生報復心理。戒心較重的人，將敵我的界線劃分得很清楚，當自己被指責時，會認為對方是敵人，會討厭或遠離對方。

要對這樣的人表達負面情緒並不容易，如果對方是屬於這類型的人，最好還是選擇保持緘默。

第二，要看彼此關係如何。觀察兩人平時的互動，看這段關係是否能承受負面情緒的表達。如果平常在關係中只說客套話，當開始能向對方表達負面情緒時，將會讓這段關係有更進一步的發展。但這需要時間的累積，事前必須做足準備功課。一開始以循序漸進的方式，一點一滴慢慢嘗試表達負面情緒，看對方可以接受到哪種地步、可以接受的表達方式和強度為何。如果不這麼做，輕易表達負面情緒後，可能會破壞關係。

第三，要了解自己的狀態。清楚表達負面情緒的目的，是因為氣不過？還是一種宣洩的方式？或是想讓關係更進一步？必須要明白這麼做的用意。

如果只是因為氣不過，最好不要表達出來，為了替自己爭一口氣，很可能反而會讓自己更生氣。

倘若是一種宣洩的方式，情緒宣洩出來後，心情會舒坦許多。但前提是，對方也有意願聆聽自己的負面情緒，才會有預期的效果，否則很可能會產生誤會。

不過，如果表達情緒，是為了讓關係變得更好，那就無妨。但在這樣的狀況下，也需要做足幾項事前準備功課。

第一，要先向對方說明自己想表達負面情緒的理由。明確告訴對方，這麼做是希望讓關係更進一步，更了解彼此。

第二，在表達負面情緒前，要先說正面肯定的話。先向對方表達感謝，營造正面氣氛，盡量緩解緊張的氛圍。

第三，最好等情緒過了，再表達負面情緒。因為在生氣的當下，直接向對方表達情緒時，可能會導致關係惡化。因此，建議最好消化完情緒後，再和對方溝通。

第四，表達負面情緒的過程中，必須說明自己的覺察。告訴對方自己會有這樣的感受，是因為不了解對方這麼做的用意為何。讓對方知道，以自己的角度來看，會有不同的感受，讓對方了解自己的立場。

可以在對方面前自在地表達負面情緒時，兩人的關係自然會更進一步。對彼此的不信任感和恐懼也會消失，加深彼此的連結，建立互相信任的關係。當我們能夠坦然地表達並接納負面情緒，也會變得更加成熟。

提案4　我才是情緒的主人

別把情緒的責任推給別人

在諮商時，我遇過很多認為別人應該要為自己的情緒負責的人。經常對太太發脾氣的N先生，也是這類型的人。

N先生只要在公司遇到不好的事情，回家後就會對太太發脾氣。夫妻關係越來越差，於是來找我進行諮商。

「我真的無法理解太太為什麼會那樣，動不動就惹我生氣。」

「嗯，看來你真的很生氣。一直處於生氣的狀態，心裡一定很難受吧！」

我試著同理N的憤怒，等他怒氣稍微緩和後，他才把焦點慢慢放回自己身上，開始自我檢視。

「醫生，但話說回來，為什麼我會這麼常生氣？」
「這問題問得很好，我等你問這個問題很久了。既然你都這麼問了，那我們就來探討憤怒情緒背後的原因吧！你通常什麼時候會發脾氣？」
「太太說話不中聽的時候。」
「太太說話不中聽時，你都會生氣嗎？」
「好像特別累的時候，比較容易發脾氣。但心情好時，不會這麼生氣。」
「聽起來，你不是因為太太說了不中聽的話而生氣，而是太累心情不好才生氣嗎？」
「不對，應該說我都已經很累了，太太還惹我生氣，所以我才會生氣。」
「累的時候，不管誰說了不中聽的話，都會生氣。但你心情好的時候，即使太太說話不中聽，你也不大會生氣，對吧？」
「沒錯，我心情好時，就算她說話不好聽，也不大會生氣。」
「所以生氣跟太太一點關係也沒有，是吧？」
「是這樣嗎？所以我生氣不是因為太太，是我自己造成的嗎？聽起來似乎是這樣，但總覺得心裡不大舒服。」

「嗯，會覺得不舒服是正常的。因為一直以來，你認為是太太惹你生氣，很難接受是自己選擇要生氣的。」

經過沉思後，N說道。「所以其實不是太太的問題，是我的問題，對吧？因為我才是情緒的主人。這麼說來，突然覺得對太太很抱歉。」

經過幾次諮商後，N清楚意識到，情緒的主宰者其實是自己，對先前認為是太太害他生氣的事情感到愧疚，和太太的關係也逐漸改善。

「原以為生氣是太太造成的，後來才知道生氣是我的責任。因為明白了，和太太的關係也改善很多，幸好當初有來諮商。」

光是承認情緒是自己的責任，就能有如此大的轉變。另外一個案例是G小姐的故事，因為先生老是說她愛亂花錢，讓她覺得很委屈，一直想反擊回去。

「每次只要家用費花完了，先生就會質問我把錢花到哪裡了。生活費、孩子的補習費、婚喪喜慶支出……要用錢的地方那麼多，我花錢精打細算，就是為了這個家，不懂我的心情就算了，還反過來罵我愛亂花錢。只不過稍微賺了點錢，就在那邊耍大爺，真的讓人受不了。」

「嗯，妳心裡一定很委屈，明明沒亂花錢，卻被老公誤會。」

「就是說啊，醫生，我會覺得委屈是正常的吧？」

G抒發完情緒後，心情好多了。於是我問她：「妳希望我怎麼協助妳？」

G遲疑了一下才回答，「我想化解心裡的委屈。」

「委屈的感受是來自於誰？」

「還不是老公害的，老愛沒事找我麻煩。」

「委屈的感受是來自於誰？」

「是老公造成的啊！醫生你沒聽懂我說的話嗎？」

「委屈的感受是來自於誰？」

「醫生，我真的覺得很委屈。為什麼我都回答你了，你還一直問我同樣的問題？」

對委屈的人來說，這問題很難回答。G並沒有正面回答我的問題，我問她委屈的感受是來自於誰？但她卻一直說是老公害她覺得委屈，不斷強調老公是加害者，自己是受害者。

G是很容易感到委屈的人，提問的過程中也看得出來，連我為了協助她釐清情緒的提問，都讓她覺得很委屈。

「看來我的提問讓妳覺得很委屈，妳常常會覺得自己很委屈對吧？」

「我倒是沒想過這點……但似乎是這樣沒錯，只要覺得別人好像在批評我，就會覺得很委屈。」

「那麼，委屈的感受是來自於誰？」

「委屈的感受是……來自於我。」

G拉低了音量，也停止哭泣。她開始重新檢視自己，察覺到自己經常會陷入「委屈」的情緒。

即使知道這件事，G內心委屈的感受也不會立刻消失。但當她感到委屈時，也比較不會那麼生氣和難過，因為她知道委屈的感受是來自於自己。

願意為自己的情緒負責，從中會獲得許多寶貴的東西。首先，可以不必為別人而活，而是為自己而活。無論在家庭、工作和生活中，學會尊重自己的感受，保持工作與生活中的平衡，活出自己的人生。

再來，生活會變得比較輕鬆。把自己的情緒怪罪到別人身上時，會經常和別人起衝突，讓自己過得很累。但願意為自己的情緒負責，試著消化情緒，就不會和別人發生衝突。只要改變自己，調適好情緒，可以讓生活更輕鬆自在。

學會調適情緒，可以找到生活的平衡點。如果想擁有豐盛、幸福、美好的人生，必須要懂得自我調適。懂得調適情緒的人，無論做什麼都一定會成功。想讓人生過得幸福，學會調適情緒是必要的。

提案5　盡量使用中性的字眼

柔和的舌頭能折斷骨頭

聖經裡有這樣一句話：「柔和的舌頭能折斷骨頭。」意思是，柔和的言語也能融化鐵石心腸。言語在調適情緒時扮演著重要角色，如果在有人情緒激昂時，能先以溫柔的言語撫慰，激動的心情也會慢慢平復。

有些話說了容易刺激情緒，像是偏激的字眼、命令式語句、製造分裂的言語，或是攻擊對方的致命弱點，避免說這些話，有利於調適情緒，也能讓緊張的氣氛慢慢緩和。

「老是」、「每次」、「一直」、「死也不可能」像這些就是偏激的字眼。

例如，先生對太太說：「妳怎麼每次都出包！」太太聽到這句話時，會把焦點放在「每次」，而不是「出包」這件事，也會立刻反擊回去：「我哪有每次！只是偶爾不小心失誤而已。」

丈夫會覺得太太是故意轉移對話焦點，而太太則是覺得自己被當成是經常出包的問題人物。兩個人的觀點不同，爭論下去只會更生氣。

而「必須」、「一定」、「明確」、「務必」、「廢話少說」、「無論如何」這些話就是命令式語句。

會用命令式語句說話的人，認為自己是對的，別人也應該按照自己的想法去做，沒有妥協的餘地，聽話照做就對了。他們不會考慮對方的立場或狀況，就把自己的想法強加在對方身上。

舉例來說，太太對先生說：「我已經明確告訴過你，不要再大吼大叫！如果你再這樣，我就跟你離婚！」聽到這句話的先生，也一定會氣得火冒三丈。

「離婚?妳有沒有搞錯?妳敢再說這種話試試看!看來妳想離婚想很久了吧!」原本太太說這句話的用意，是希望先生不要再大吼大叫，但因為太太用了命令式語句，反而刺激到先生。不但導致溝通失敗，還讓彼此更生氣。

表達客觀事實和期望

因此，在調適情緒時，溝通的方法很重要。避免使用過度偏激的字眼，而是客觀陳述事實，並以期望句代替命令句，比較容易讓情緒緩和下來。

例如，不要說「你怎麼老是弄錯！」而是說「你今天弄錯了喔！」把帶有情緒性字眼的「老是」，改成「今天」、「現在」，以現在式陳述。

把命令句改成期望句，對情緒調適也有幫助。像太太希望先生戒酒時，不要用命令式語氣對先生說：「我跟你說過多少次了，不要再喝酒！」而是改成：「我希望你可以不要喝酒。」這樣自己說完才不會那麼生氣，對方聽了也比較不會被激怒。

用命令式語句時，因為沒有選擇的餘地，會讓先生覺得有壓迫感。但以帶有期望意味的語句表達時，因為有顧及到先生的自尊心，先生比較容易聽得進去，才有可能答應太太的要求。

以期望的語氣表達時，也有助於調適情緒。太太最終的願望是希望家庭和樂，因此可以對先生坦誠地說：「老公你可以不要喝酒，早點回家嗎？如果老公可以早點回家陪孩子玩，一家和樂融融地在一起，感覺好幸福！」以這樣的方式和先生溝通，比較不會引起反彈，也才能靜下心來，傾聽自己內心真正的聲音。

避免製造分裂的言語

認為所有事情只有對錯好壞之分，習慣以二分法思考的人，在情緒調適上較容易遇到困難。

和太太起衝突的先生，對太太說：「我跟妳是不同世界的人，妳書讀得少，說了妳也不懂！」這麼說會讓對學歷懷有自卑情結的太太，聽了心裡很不舒服，也會對先生心生埋怨，對先生的每一件事都看不順眼。先生也會為了強調自己的優越，一直想打壓太太，最後導致夫妻關係越來越差，陷入互相傷害的惡性循環。

想讓情緒保持穩定，建議避免使用容易製造分裂的言語溝通，盡量使用中性字眼。例如，不要說「我跟妳是不同世界的人」，而是改成「我們的想法似乎有差異」，雖然是不同的話，但同樣都表示彼此的想法有差距。「妳書讀得少，說了妳也不懂！」這句話，可以改成：「妳可能對這塊領域不熟悉。」避免二分法區分的說話方式，讓太太聽了比較能接受。因此，溝通時的用字遣詞很重要，不管是說的人，還是聽的人，都會影響彼此的心情。

提案6　讀懂情緒的訊號

感到孤單時，反而表現得很強勢

「醫生，現在的生活好平淡無趣，好懷念過去。」

許多個案在症狀緩解下來後，經常對我這麼說。因為當症狀出現時，身心會發出強烈的訊號，會馬上集中心思處理。症狀解除後，心情雖然會比較輕鬆，但也可能因此感到落寞空虛。

情緒會透過身體上或精神上的症狀，傳達各種訊號給我們。通常情緒激動時，我們會知道，是因為訊號很強烈。當身體上的訊號出現時，可以馬上察覺，但精神上的訊號，必須細心觀察才能掌握。如果可以掌握出現在身心上的訊號時，會幫助我們更貼近了解情緒，以下將進一步說明。

當人感到恐懼時，會無意識地想把自己藏起來。隱藏的方式和型態有很多種，例如：大多數男性會用工作和社會地位做為保護色，而女性則是躲在母親、妻子、媳婦等角色後面；又或是選座位時，習慣挑最不顯眼的位置，坐在被柱子擋住的地方或角落處。

不帶情緒地表達想法，也是一種隱藏自己的方式。就像前面提到心理防禦機制，因為害怕流露出內心的情感會讓自己受傷，刻意用理性武裝。聊天時只聊時事新聞，避免話題轉到自己身上。

在人際關係中，這類人總是保持低調。吃飯挑選餐廳時，也都是以別人的意見為優先。做什麼事情，都退居在後方，不想成為焦點人物。內心感到孤單時，動作會變得很慢，說話也變得慢條斯理、有氣無力，希望別人能夠關心自己。肢體動作也表現得畏縮，想博得別人的同情。此外，只要被別人稍微刺激到，就會露出一副快哭的表情。

但也有些人感到孤單時，會故作堅強，說話很強勢，把別人推得遠遠的。但這麼做，反而讓自己變得更孤單。他們之所以講話強勢，是希望別人能在意自己，卻造成反效果。這些人當中，很多人平時不大化妝，髮型也主要是黑長直髮。也因為這樣，他們自認是真誠、坦率的人。

感到羞愧時，主要反應在身體上，容易臉紅。聽了不舒服的話時，臉部表情和身體會變得僵硬。穿著打扮經常顯得格格不入，也讓別人變得不自在。以女性的情況來說，也可能會把妝化得很厚，甚至動微整形手術，想透過改變外表來掩飾自己的羞愧感和有所不足的地方。

經常感到煩躁的人，越能忍耐

然而，換個角度思考，這些負面情緒也讓我們變得更成熟。

經常感到煩躁的人，越能忍耐；脾氣不好的人，擁有充沛的熱情。感到憂鬱的人，懷抱著崇高的理想；感到恐懼的人，自我保護意識很強。疑心病重的人，邏輯理解能力很好；有強迫症的人，擁有優秀的執行力。

試著解讀負面情緒的訊息，就能發現自己的優點和成長動能。洞悉情緒，會讓我們更認識自己。

舉例來說，感到憂鬱時，就表示正在追求不可能達到的目標。

以下的案例是一位患有嚴重憂鬱症的婦人，她極度厭惡她的丈夫，看不慣丈夫的任何舉動。

「我老公真的很小心眼，只要一吵架就生悶氣，一個大男人跟女孩子一樣愛鬧彆扭，才說沒幾句就生氣，看了就討厭，哪有男人像他這麼愛生氣的？一想到下半輩子要跟這樣的人過生活，就覺得未來一片黯淡。」

我試著引導她把內心的委屈和難過全部說出來，等她情緒稍微平復後，才又重新展開對話。

「但話說回來，有誰在吵架時不生氣的？」

她聽到我這麼一問，突然回答不出來。但冷靜下來後，她開始思考我問這句話背後的意義。一星期後她來找我，告訴我她的體悟。

「醫生，我其實是在期待老公去做他永遠做不到的事。我怎麼會沒發現到這件事？整個人好像從睡夢中被敲醒，覺得自己很可笑。雖然心裡很難過，卻不會感到沉重或鬱悶，心情輕鬆多了。」

太太終於察覺到憂鬱情緒背後的訊息，憂鬱是來自內心的期待落差。

當我們理解情緒所要傳達的訊息，即使情緒再強烈，也不會迷失方向。人活在世上，難免會經歷到負面情緒，但陷入負面情緒，並不會讓人迷失自己。好好讀懂情緒，經驗各種情緒，人生會更精采！

提案7　調適情緒的七堂課

學會觀察感受並表達出來，就成功一半

在上一章中，提到「調適情緒的七堂課」，若加以運用練習，能幫助我們更有效調適情緒。例如，假設某人踩到我的點時，最先體驗到的感受是不舒服，心情微慍。在第一課察覺到內心的感受，很快就能成功轉化情緒。如果錯過第一課，之後必須花更多時間和力氣調適。

察覺到不舒服的感受後，試著把生氣的情緒表達出來（請見第一六六頁〈第二課　表達〉），就能理解自己想要的是什麼，進而在第三課找到自己的人生課題。

會覺得心裡不舒服，是因為事與願違。也就是說，自己原本心裡面有一套既定的標準，但事實與期望不符合。假如不舒服的感受是來自委屈，就表示這個人覺得受到不公平的待

遇。感到委屈的人，總是希望「凡事要公平」。雖然明知道不可能，卻還是抱著期待。

像這樣的人，需要練習承認並接納世界本來就是不公平的客觀事實。他們必須明白自己之所以會渴望公平，是因為心裡受了委屈。第四課是深入認識自己的階段，必須要意識到他們的心態也是不平等的。雖然想要追求公平正義，但其實也是打著平等的旗幟在分化別人。因此，第五課要學會的是接納。

在這個階段，要練習接納理想中的完美世界並不存在，同時也要接納自己並不是完美的人。練習接納的過程中，內心會經歷天人交戰。也就是第六課，為自我成長而戰。要打贏這場戰爭，必須超越過去的自己。唯有超越自我，才能讓自己重生。

最後，需要重新塑造適合自己的全新價值觀。（請見第一九六頁〈第七課　重生〉）

若能運用自如這七堂課，無論遇到任何情緒浪潮來襲，也不會被淹沒。讀懂情緒傳達的訊息，會讓我們變得更成熟。那些讓我們感到不舒服的情緒，是成長的必經之路。

提案8　接納自己的渺小

名校症候群

我遇過許多飽受名校症候群所苦的諮商個案。國高中時期成績優異的學生，考上名門高中或大學後，會出現各種名校症候群的症狀，最常見的就是認為自己不夠聰明。

這些名校的學生們會覺得自己不夠聰明，是因為他們以前在學校都是數一數二的頂尖學生，但進入名校後，成績無法像過去一樣名列前茅時，就會認為是自己太笨，才會考輸別人。

我替他們做了智力測驗，大部分的學生，智商普遍都是ＩＱ一百三以上，有些學生ＩＱ甚至高達一百五，卻還是一直說自己笨，這跟智商無關，是因為自卑感作祟。

這些人的內心有一股優越感，擠進名校後，看到身邊許多比自己更厲害的人，心中的優越感變成了自卑感。

然而，無論是追求優越感或陷入自卑情結，都會讓我們身心俱疲。那麼，要如何從情緒的綑綁中獲得釋放呢？必須先放下對勝負的執念，也就是放下競爭思維。唯有清楚認知自己的存在價值，才能從比較的框架中跳脫出來。

正因認知到渺小，才想變得強大

「我們為什麼會一直想和別人比較？」

答案出乎意料的簡單，是出於自卑感。因為覺得自己很渺小，想藉由和別人比較證明自己的強大，掩飾內心的自卑。就像孩子們會為了誰比誰大一歲而吵架，大人們也一樣，透過金錢、地位、名譽、聲望等方式大聲炫耀著：「我比你厲害！你得聽我的！」

當我們接納自己的渺小，就能擺脫比較的束縛；承認自己的渺小，就無需靠競爭壯大自己。我們不需要靠在競爭中贏過對方，藉此控制對方，這麼做一點意義也沒有。因為渺小的我們，需要的不是競爭，而是合作。

人們汲汲營營於追求勝利，想證明自己的強大，但這些努力其實毫無意義。我們必須認知到自己的渺小，才不會把能量耗費在不必要的地方上。

更重要的是，有了這樣的認知後，就可以擺脫自卑感和優越感，從競爭中解放出來，不必再和別人拚個你死我活，而是學會和別人互助合作。

許多來找我諮商的個案，不乏在競爭中感到挫敗的人，他們普遍都有憂鬱的症狀。在他們悲傷的情緒裡，透露出「我是沒用的人」的訊息。和他們對話時，談話的內容都很類似。對於那些認為自己很沒用、內心充滿憂鬱的人，我問他們：「你覺得什麼樣的人是沒用的人？」

「無論再怎麼努力，都無法成為厲害的大人物，就是沒用的人。」

他們期許自己成為厲害的人，做不到就認為自己沒用，渴望在競爭中贏過別人。

「你怎麼看你自己？」

「我覺得自己很沒用。」

「為什麼覺得自己沒用？」

「我英文不好、數學不好，人際關係也很差，沒有一項做得來的。」

他們希望透過外在成就，證明自己很棒。我告訴他們：「每個人都有自己的存在意義。」

不是靠外在成就證明自己的存在價值，而是活著的本身，就具有存在意義。

現代社會強調功利主義，在學校、職場裡也都不斷告訴大家：「要成為有用的人！」但真的是這樣嗎？一位老婦人因為上了年紀精神渙散，為孩子煮飯時飯煮焦了、鹽放多了，就認為自己「老了沒用了」，因而陷入自責和憂鬱。但難道媽媽不會煮飯，存在的意義就消失了嗎？不管媽媽會不會做飯，媽媽的存在對孩子來說意義極為重要。生命本身的意義，凌駕於一切價值之上。

了解生命存在的意義後，就能以新的角度看待自己，不再被競爭意識束縛。當不再和別人比較，才能做自己真正想做的事，過自己想要的生活。

提案9　區分「做得到」和「做不到」的事

生氣的人「自以為是神」

人並非無所不能，人的能力是有極限的。但當我們心裡有不舒服的感受時，會武裝自己，表現得好像什麼都可以做到。

生氣的人會展現出「自以為是神」的態度，處在憤怒的情緒時，會覺得自己是對的，對方是錯的，希望對方按照自己的方式去做。

憂鬱的人遇到不順心時，習慣鑽牛角尖，沒有意識到自己在強求不可能的事。

悲傷的人，在知道現實的情況下，仍渴望滿足內心的願望。偏執狂的人，對自己堅持的信念不容一絲動搖。

強迫症的人，無法接受任何不完美；不安的人，總想預知未來發生的事。

當人們陷入負面情緒時，會像這樣緊抓著某些想法不放。在調適情緒之前，必須先區分自己做得到和做不到的事，虛心接受自己的能力是有限的。

設計師H先生對他的直屬上司充滿怨氣。他覺得部長明明能力沒他好，還老是挑他的毛病，要他重新修改設計，讓他很抓狂。他很討厭部長，也變得不想上班，每次給部長檢查設計稿時，都覺得心裡很痛苦。

在剛開始談話時，我先試著讓H找回對工作的熱情。接著，H開始聊自己剛進公司的事。當時他覺得自己可以發揮所長，幫助公司發展，自己也能累積更多實戰經驗，越講越興奮。但後來因為和部長關係不佳，他擔心自己的前途受阻，講到一半突然很生氣，甚至口不擇言，說一些難聽的話罵部長，有時也會替自己感到委屈而落淚。

在充分同理他的感受後，我問了H一個問題。

「你認為當主管必須具備哪些條件？」

「當然要能力夠好才行。」

「只要能力好，就能當主管嗎？」

H稍微遲疑了一下。

「好像不只這樣。」

「那麼，當主管還需要哪些條件？」

「要有影響力，擅長處理部門間的溝通協調，還有……」

「那你覺得目前的主管如何？」

H 語帶尷尬地說。

「目前的主管和其他同事相處融洽，和高層的人關係也不錯，好像只有我跟他不合。」

「說完這些話後，你現在有什麼感覺？」

「坦白說心情有點悶，我以為自己是對的，但仔細想想，似乎並非如此。」

在我看來，H 變得更成熟了。他發現他之所以自認為是對的，是因為他只站在自己的立場上思考。他也承認當主管需要的不只是能力，還需要具備其他條件。

H 明白自己做得到和做不到的事，換句話說，他知道並接受自己的極限。H 心裡的怒氣因此減少了，也調適好心態，準備迎接有別於過往的新生活。

承認自己的極限

當情緒鬱悶時，試著察覺自己是否正在強求不可能的事。一位中年婦人N小姐，希望和老公感情「甜甜蜜蜜」、「如膠似漆」。從結婚前，她就一直有這樣的心願，但剛結婚就跟老公吵架，到現在也還是吵不停。

N認為是老公害她無法完成心願，對老公心生埋怨，心情很鬱悶。然而，她心裡還是抱著幸福婚姻的「美夢」，沉浸在不可能實現的夢想裡。我試著引導她認清事實，但她卻生起氣來。

「奇怪，大家不也都是希望自己的婚姻幸福美滿嗎？為什麼說這是不可能實現的夢想呢？」

「嗯，的確很讓人生氣。自己的夢想無法實現，妳心裡很難過吧？」

「你說我能不生氣嗎？」

「當心裡迫切想要某樣東西卻得不到，能不傷心難過嗎？」

我先讓她把內心的憤怒傾瀉而出，接納並同理她的情緒。

諮商過程中她哭得很傷心，直到情緒宣洩完後，她才這麼說。

「醫生，你說得沒錯。我跟他不可能有幸福的婚姻，但我真的很難放棄這樣的夢想。」她開始正視自己的現況，雖然很多人婚姻幸福美滿，夫妻關係如膠似漆，但以她的狀況來說，這是遙不可及的夢想。她體悟到自己一直以來拚命掙扎著，是為了過跟別人一樣的生活，而不是自己的人生。為了逃避現況，替自己編織了幸福婚姻的美夢。

我引導她認清這個事實。雖然這並不容易，但當她願意接納自己的現況後，才開始真正活出自己的人生。

憤世嫉俗的人痛恨所有不公不義之事，因此會和有權者發生衝突，嘲諷那些有權有勢的人，或是把他們不當的行為公諸於世。這些人可能是從小受到長輩不當的對待，或是經常挨罵。長期處於高壓管教下，內心積累了許多憤怒。

研究員 W 先生經常和主管發生衝突，對他的主管高博士有很多不滿。不滿的原因，主要是因為主管從來不跟底下的人商量，自己想做什麼就做什麼。因此他語帶諷刺地說：「自以為是博士，就得什麼都聽他的，那幹嘛還叫我加入他的團隊?真讓人不爽!博士就一定是對的嗎?」

我試著了解他的成長背景，想知道為何他會有這種憤世嫉俗的心態。W的父親對他很嚴厲，他從小在嚴格的管教下長大。父親堅信自己是對的，就算用打、用罵的，也硬是要W乖乖聽話照做。等他長大後，父親還是一樣，不顧他的意見，單方面逼迫要脅他。雖然他嘗試和父親溝通，為此做了許多努力，但不管是撒嬌、還是裝可憐都沒用。父親依舊認為「我吃過的鹽比你吃過的米還多，聽我的就對了！」從那之後，W和父親說話的態度就變得愛理不理的。

我試著同理他的感受，並帶著他看見自己內心深處想和父親對話的渴望。W說，他有生以來第一次，體悟到自己原來這麼渴望能夠和父親好好溝通。W哭得很傷心，哭了好一陣子後，他才開始理解父親被這樣的想法束縛住，生活過得有多辛苦。同樣地，他也嘗試從不同角度去理解他的主管，為了取得博士學位，一路走來有多麼努力。

W意識到自己過去只單看事情的一面，因此變得特別偏執。

W因為無法和父親好好溝通，挫折感很重，希望打破不對等的權力關係，不再有地位高低之分，所有人都能平等對話。然而，這是根本不可能的。明白這點後，W了解到自己是因為內在的挫折感，才會變得憤世嫉俗。

在W的心裡，父親和主管是同樣的人。W對他們很不滿，心中充滿憤世嫉俗的念頭。在憤世嫉俗的世界裡，沒有溫暖或觸動人心的對話。一直以來，W以為只有這麼做，才能稍微緩解自己內心的不舒服。直到接受諮商後，才看到另一種可能性，也就是理解和認同。

W試著理解主管，並坦承告訴他：「每次跟您開會時，您都不接納我的意見，讓我感到很挫折。」沒想到，主管居然回他：「你的意見雖然很好，但你說話的態度讓我無法接受。」

W聽完很驚訝，他一直以為主管不接納他的意見，是因為不喜歡他的想法，但沒想到是因為他說話冷嘲熱諷的態度，才讓對話無法繼續下去。

自從W改掉他說話的態度後，他的意見也開始被採納。對他來說，這是很特別的體驗。我看著這樣的他，突然體悟到，承認自己的極限，會讓人找到另一股力量。當W接納自己的挫折感後，也開始看見有權者人性化的一面，看見這些不同的面向後，他和主管的關係也迅速好轉。

提案10　改變價值觀

活出全新的自己

當情緒轉變後，會感受到前所未有的喜悅，這就是情緒調適的奧妙之處。如果想繼續維持這樣的喜悅，必須重新建立適合自己的價值觀。

U先生是無法容忍任何不正當行為的人。看到強勢者傷害或剝削弱勢者，就會氣得火冒三丈。為此經常和身邊的人起衝突，於是來找我進行諮商。

U年輕時曾參加示威遊行，被政府機關抓去拷問。當他談起那段過往，痛苦的回憶至今仍歷歷在目。我明白這件事，對他造成很大的傷害。

在U心裡，政府機關就像是可怕的怪物。直到現在，他都還在和這頭怪物搏鬥。對U來說，當他看到身邊那些有權有勢的人，就像看到政府機關的人一樣。所以當他看到那些張牙舞爪的「怪物們」，才會這麼生氣。

察覺到這點後，他自己也嚇了一跳。他沒想到這件事居然對他影響這麼深。他突然驚覺，在和那些怪物對抗時，自己彷彿也變成了怪物。一想到這裡，他不禁感到愧疚。他一直以為自己是受害者，是站在善良的一方主持公道；但從另一個角度來看，他其實也是挾正義為名的加害者。換句話說，他也一樣變成了壞人。

每個人內心都住著一個怪物。了解到這點後的U，開始改變自己長久以來的價值觀。明白無論是受害者或是加害者，心裡其實都深受其苦。

U很努力改變自己。在我看來，U是很了不起的人。因為改變自己並不是件容易的事，但他還是毅然決然走上這條路，這樣的決心令人敬佩。U開始懂得怎麼去愛人，找回內心的平靜，人際關係也明顯改善許多。

當價值觀改變後，人生的道路會變得更加寬闊。過去總是習慣以二元對立的角度區分好壞對錯，然而，當憤怒的情緒緩和下來，會了解到自己其實也有不好的一面。每個人都有潛在的侵略性和破壞性，隨著所處的環境不同，內心的怪物隨時都有可能出現。

隨著外在環境的變化，人也會因而改變。受到外在環境刺激時，會有不同的呈現。因此，要練習馴服內心的怪物，無論在什麼樣的環境，怪物都不會暴衝失控。當價值觀改變了，就能活出全新的自己。

結語　不完美也好，不夠好也無妨；就算孤單，那也沒關係

情緒，既神奇又微妙。照顧好它，會產生正向能量，但如果長期忽略、刻意壓抑，很可能不知道哪天會突然火山爆發。

當我們學會適時表達情緒，心情才會舒坦；心情舒坦了，就能活得輕鬆自在。專注感受內在的能量並加以運用，不管做任何事，會變得更有效率。

不要忽視內心不舒服的感受，試著從中找出一直控制著自己的過去因子，接著把壓抑在心裡的情緒表達出來。如此一來才有更多的力量和餘裕的空間，妥善解決目前生活中遇到的難題。許多人即使變成大人，內心還是像長不大的孩子，因為他們害怕面對內在不舒服的感受，逃避自己的人生課題，進而錯過成長的機會。願意面對自己課題的人，在了解自己的問題後，會想辦法處理，他們會因此變得更加成熟，但選擇逃避的人，就只能原地踏步。

這些人之所以想要逃避，追根究柢是源於內在的羞愧感。人們之所以害怕面對情緒，是因為不願意正視內在的羞愧感。承認自己的渺小，面對內心羞愧的感受，會讓人心裡覺得很不舒服，因此極力地想要避免這樣的感受。

然而有趣的是，當我們接納自己的極限，就能克服這種羞愧的感受。這或許就是所謂的「置之死地而後生」吧？

人類是充滿矛盾又渺小的存在。但當我們願意承認自己的不完美，接納自己不足的地方，就能「超越」自己的極限。唯有不再汲汲營營於壯大自己，才能獲得真正的自由。

「正因為我是不完美的，我允許自己犯錯，即使做錯事，那也無妨。我會感到孤單，也會感到恐懼，那都是正常的。我會有光鮮亮麗的一面，也會有狼狽不堪的一面。我有時是對的，有時是錯的，但不管怎樣的我，那都是我。」

當我們能像這樣接納自己時，就能夠接納別人，包容別人的不完美。這樣一來，就能以柔軟的心對待身旁的人，自己也能放寬心情，活得輕鬆自在。衷心地希望這本書能成為你的指引，在人生的路上陪你一起同行。

當我們感受到情緒時，
如果懂得適時表達，
情況就會有所不同。

HEART
心|視野　心視野系列 070

你明明心好累，為何還裝作無所謂？

破解你的「假情緒」，看懂並接納自己內在真實需要

가짜감정

作　　者　金容太
內頁插畫　張仁範
譯　　者　鄭筱穎
總 編 輯　何玉美
責任編輯　洪尚鈴
封面設計　季曉彤
內頁排版　JGD

出版發行　采實文化事業股份有限公司
行銷企劃　陳佩宜．黃于庭．馮羿勳．蔡雨庭．曾睦桓
業務發行　張世明．林踏欣．林坤蓉．王貞玉．張惠屏
國際版權　王俐雯．林冠妤
印務採購　曾玉霞
會計行政　王雅蕙．李韶婉．簡佩鈺
法律顧問　第一國際法律事務所　余淑杏律師
電子信箱　acme@acmebook.com.tw
采實官網　www.acmebook.com.tw
采實臉書　www.facebook.com/acmebook01

I S B N　978-986-507-173-8
定　　價　320 元
初版一刷　2020 年 9 月
劃撥帳號　50148859
劃撥戶名　采實文化事業股份有限公司
104 台北市中山區南京東路二段 95 號 9 樓
電話：(02)2511-9798　傳真：(02)2571-3298

國家圖書館出版品預行編目資料

你明明心好累，為何還裝作無所謂？——破解你的「假情緒」，看懂並接納自己內在真實需要 / 金容太著；鄭筱穎譯 . -- 臺北市 : 采實文化 ,2020.09
256 面 ; 14.8x21 公分 . --(心視野系列 ; 70)
譯自 : 가짜감정

ISBN 978-986-507-173-8(平裝)

1. 情緒管理

176.52　109010497